National Economics Foundation
北京当代经济学基金会

当代经济学创新丛书
[全国优秀博士论文]

中国高铁、贸易成本和企业出口研究

俞峰 著

上海三联书店

"当代经济学创新丛书"

由当代经济学基金会(NEF)资助出版

总　序

　　经济学说史上,曾获得诺贝尔经济学奖,被后人极为推崇的一些经济学大家,其聪慧的初露、才华的表现,往往在其年轻时的博士论文中已频频闪现。例如,保罗·萨缪尔逊(Paul Samuelson)的《经济分析基础》,肯尼斯·阿罗(Kenneth Arrow)的《社会选择与个人价值》,冈纳·缪尔达尔(Gunnar Myrdal)的《价格形成和变化因素》,米尔顿·弗里德曼(Milton Friedman)的《独立职业活动的收入》,加里·贝克尔(Gary Becker)的《歧视经济学》以及约翰·纳什(John Nash)的《非合作博弈》,等等。就是这些当初作为青年学子在博士论文中开启的研究领域或方向,提出的思想观点和分析视角,往往成就了其人生一辈子研究经济学的轨迹,奠定了其在经济学说史上在此方面的首创经济学著作的地位,并为日后经济学术思想的进一步挖掘夯实了基础。

　　经济学科是如此,其他社会科学领域,包括自然科学也是如此。年轻时的刻苦学习与钻研,往往成为判断日后能否在学术上取得优异成就,能否对人类知识的创新包括经济科学的繁荣作出成就的极为重要的第一步。世界著名哲学家维特根斯坦博士论文《逻辑哲学导论》答辩中,围绕当时世界著名大哲学家罗素、摩尔、魏斯曼的现场答辩趣闻就是极其生动的一例。

　　世界正处于百年未遇的大变局。2008 年霸权国家的金融危机,四十多年的中国增长之谜……传统的经济学遇到了太多太多的挑战。经济学需要反思、需要革命。我预测,在世界经济格局大变化和新科技革命风暴的催生下,今后五十年、一百年正是涌现经济学大师的年代。纵观经济思想史,历史上经济学大师的出现首先是时代的召唤。亚当·斯密、卡尔·马克思、约翰·梅纳德·凯恩斯的出现,正是反映了资本主义早期萌芽、发展中矛盾重重及陷入发展中危机的不同时代。除了时代环境的因素,经济学大师的出现,又有赖于自身学术志向的确立、学术规范的潜移默化、学术创新钻研精神的孜孜不倦,以及周围学术自由和学术争鸣氛围的支撑。

旨在"鼓励理论创新,繁荣经济科学"的当代经济学基金会,就是想为塑造未来经济学大师的涌现起到一点推动作用,为繁荣中国经济科学做点事。围绕推动中国经济学理论创新开展的一系列公益活动中,有一项是设立"当代经济学奖"和"全国经济学优秀博士论文奖"。"当代经济学创新丛书"是基于后者获奖的论文,经作者本人同意,由当代经济学基金会资助,陆续出版。

经济学博士论文作为年轻时学历教育、研究的成果,会存在这样和那样的不足或疏忽。但是,论文毕竟是作者历经了多少个日日夜夜,熬过了多少次灯光下的困意,时酸时辣,时苦时甜,努力拼搏的成果。仔细阅读这些论文,你会发现,不管是在经济学研究中对新问题的提出,新视角的寻找,还是在结合中国四十多年改革开放实践,对已有经济学理论模型的实证分析以及对经济模型假设条件调整、补充后的分析中,均闪现出对经济理论和分析技术的完善与创新。我相信,对其中有些年轻作者来说,博士论文恰恰是其成为未来经济学大师的基石,其路径依赖有可能就此开始。对繁荣中国经济理论而言,这些创新思考,对其他经济学研究者的研究有重要的启发。

年轻时代精力旺盛,想象丰富,是出灵感、搞科研的大好时光。出版这套丛书,我们由衷地希望在校的经济学硕博生互相激励,刻苦钻研;希望志在经济学前沿研究的已毕业经济学硕博生继续努力，勇攀高峰；希望这套丛书能成为经济科学研究领域里的"铺路石"、参考书；同时希望社会上有更多的有识之士一起来关心和爱护年轻经济学者的成长，在"一个需要理论而且一定能够产生理论的时代，在一个需要思想而且一定能够产生思想的时代"，让我们共同努力，为在人类经济思想史上多留下点中国人的声音而奋斗。

夏　斌

当代经济学基金会创始理事长

初写于 2017 年 12 月，修改于 2021 年 4 月

目 录

图表目录

前　言

　　"要想富,先修路",交通基础设施建设旨在降低贸易成本,对经济和社会发展起到重要的支撑作用。自 2008 年 8 月 1 日第一条时速①350 公里的线路——京津城际铁路开通运营以来,中国高速铁路(以下简称"高铁")在十余年间得到了迅猛发展。截至 2016 年底,按国际标准和中国新标准统计,中国高铁通车里程高达 2.3 万公里,覆盖了全国 53% 的城市,总里程超过了世界高铁的 60%,使中国成为世界头号高铁强国。中国高铁的飞速发展,极大地完善了国内交通网络,为经济发展打开了新局面。尽管大量研究表明交通基础设施通过影响货物物流降低可变贸易成本促进企业出口,但是较少关注人员流动效率提高改变固定贸易成本对企业出口的影响。随着贸易自由化的推进与互联网的发展,关税壁垒和贸易往来中基础信息的交流对贸易的阻碍效应在不断弱化,而获取一些复杂信息,如对市场的了解、企业间供应关系的建立、港口通关时的信息交流等对贸易起着日益重要的作用。而这些复杂信息的获取和交流,往往依赖于人与人之间的面对面交流。高铁作为客运专线,具有压缩时空的作用,可以改变地理距离造成的时空约束条件,极大地便利了人员的空间流动,为探究贸易成本变动对企业出口的影响提供了便利。此外,改革开放 40 多年来,我国对

---

① 1999 年开工修建,2003 年完工的秦皇岛—沈阳高铁,设计最高时速可达 250 公里,是当时中国仅有的客运专线,但由于这条线路的本线工程设计和试验速度都超出了既有线的工程限制和承受范围,使得它是否为高铁在铁路界多年来争论不断。

1

外贸易也取得了快速发展。贸易量上而言,中国进出口贸易总额由 1978 年仅占世界总贸易额的 0.77%,到 2017 年占世界总贸易额的 11.48%(排名世界第一位),中国实现了由"贸易小国"向"贸易大国"的转变。贸易产品种类上而言,先后实现了由初级产品为主向工业制成品为主、由轻纺产品为主向机电产品为主的转变。并且,自进入 21 世纪以来,我国以电子和信息技术为代表的高新技术产品出口比重不断扩大。然而,我国相当一部分出口产品种类依然集中于低附加值领域,仍然处于全球产业链的中低端环节。就出口目的地而言,亚洲始终是中国出口的主要目的地。基于我国高铁迅猛发展和面对面交流成本在贸易中越来越重要这两个重要事实,本书从贸易成本变动视角切入,从理论和实证层面考察中国高铁对企业出口的影响及其机制,研究结果将为优化高铁修建提供重要的理论支撑和依据线索,有助于提升沿线企业区位选择的合理性,为国家宏观规划和地区经济发展提供政策建议。

本书将中国从 2008 年开始启动的、史无前例的大型高铁建设项目视作一项准自然实验。首先,通过理论研究发现,一方面高铁作为客运专线,可能通过促进人员流动和交流,加强企业间供应关系匹配,增加企业外包,进而降低固定贸易成本促进企业出口;另一方面,高铁作为交通运输网络的重要组成部分,可能通过释放其他交通运输方式货运运能降低可变贸易成本促进企业出口。其次,采用企业层面企业出口数据实证检验了高铁开通对企业出口的影响。采用"最小生成树"(Least Cost Path Spanning Tree Networks)为工具变量解决内生性问题、事件分析法验证平行假设以及多种稳健性检验增加实证结果的可靠性和稳健性。再次,通过分析各交通运输方式的客运和货运情况,评估高铁对可变贸易成本的影响;通过实证检验中国高铁对不同行业就业和流动人口的影响,引入唐纳森和霍恩贝克(Donaldson and Hornbeck,2016)提出的市场准入(Market Access),并借鉴林娅堂(Lin，2017)的方法测算高铁引致的固定贸易成本变动，来阐释高铁开通对固定贸易成本的影响和高铁开通影响企业出口的内在机制。最后从多维度视角对高铁影响企业出口进行异质性分析。

本书研究内容共分为七章。

基于文献梳理、理论研究和实证检验，最终本书得到以下主要结论。(1)我们对既往文献以及企业间贸易模型进行总结，从理论上探究高铁开通对企业出口的影响。本书发现，高铁一方面可能通过促进高技能劳动力流动，加强企业间供应关系建立，通过降低固定贸易成本促进企业出口；另一方面，高铁作为交通运输网络的重要组成部分，可能通过释放铁路、高速公路的货运运能进而降低可变贸易成本促进企业出口。在下文中结合特征事实描述和实证检验策略对上述可能机制进行检验。(2)相比于未开通高铁的城市，开通高铁的城市的企业出口提高了12.7%。采用多种稳健性检验，包括出口替代指标、PPML方法、Truncreg模型、计划修建高铁数据、生产率替代指标和分时间段亚组回归等，结果始终稳健。进一步，借鉴费伯(Faber，2014)的思路构建基于地理信息的"最小生成树"作为高铁的工具变量，处理由于高铁布局的非随机性而导致的内生性问题，回归结果与原结论一致。(3)通过对高铁开通影响企业出口的机制检验发现，控制了城市固定效应和时间固定效应后，实证结果显示中国高铁开通对其他交通运输方式货运量的影响都不显著，即高铁开通没有产生显著的释放其他交通运输方式运能的效应。通过实证方法分析了高铁开通对不同人群的影响，发现中国高铁开通显著促进了建筑行业低技能劳动力的就业，但是加强了金融行业高技能劳动力向中心城市的集聚；流动人口、受教育年限长的居民和城市居民均从高铁开通中获益，提示高铁主要通过影响高技能人员流动对企业出口产生影响。为了实证检验高铁对人员流动的效应，本书参考唐纳森和霍恩贝克(Donaldson and Hornbeck，2016)的方法计算了"市场准入"的指标作为人员交流成本的代理变量,以评估固定贸易成本的变化情况。结果显示高铁开通显著地提高了城市市场准入,促进了企业出口,验证了高铁通过降低城市间人员的交流成本、改变固定贸易成本促进企业出口的内在机制。(4)异质性分析发现,企业出口的二元边际分析结果显示高铁促进了企业出口扩展边际的增加;从行业要素密集度、产品时间敏感度、高铁站选址、地区异质性等视角分析,发现高铁开通对资本或技术密集型行业、时间敏感性产品、东部地区和高铁直达港口的城市的企业出口促进作用更大,高铁的出口效应范围为高铁站距离其所在城市中心30公里的道路距离。基于企业异质性贸易理论框架分析发现,非国有企业、内资企业、在位企业更能从高铁带来的贸易成本下降中获益,进而促进企业出口。

本书从贸易成本变动的视角为中国高铁开通对企业出口的影响及其作用机制提供了较为全面的诠释。本书的创新点在于以下四个方面:一是本书是国内最早关注中国高铁对企业出口影响的研究之一,拓展了现有关于高铁的实证研究;二是本书借鉴了费伯(Faber,2014)基于地理信息数据构建工具变量的方法处理内生性问题,识别了高铁对企业出口影响的因果关系;三是本书参考唐纳森和霍恩贝克(Donaldson and Hornbeck,2016)及林娅堂(Lin,2017)的研究,引入并计算"市场准入"指标作为贸易成本的代理变量,发现开通高铁促进企业出口的内在机制;四是本书从出口特征、高铁站选址、企业和地区四个方面对高铁开通影响企业出口异质性进行了讨论和分析,为既存交通基础设施的协调发展问题的解决提供了理论依据。

本书研究结果对中国高铁修建和中国企业出口结构的优化升级均具有重要指导价值,分别体现在以下四个方面:一是关于高铁修建的问题,结论表明高铁建设并非减少地区发展不平衡的有效政策工具,学界和政策制定者应该给予民众正确的引导和解惑,对高铁的福利效益应该有更理性的预期,增强对高铁建设节奏与速度的把握;二是关于企业出口结构转型,本书研究发现高铁开通显著降低了固定贸易成本,对企业出口的扩展边际产生促进作用,为我国企业出口结构的转型提供了发展契机;三是关于企业选址的问题,本书研究发现高铁的出口效应作用范围为高铁站距离城市中心的 30 公里以内的道路距离,为现实中各地区轰轰烈烈的"争路运动"到"高铁选址"热论的转变提供了理论依据;四是关于不同类型交通基础设施的协调发展问题,本书分析认为要充分调动交通网络的经济效应潜力必然离不开交通网络内部各类交通基础设施的协调,因此需要对现代交通网络的统筹规划与综合管理提出更高的要求。总之,本书研究结果不仅为交通基础设施通过改变贸易成本影响贸易的相关研究进行了有益拓展,在一定程度上丰富和拓展了交通基础设施与贸易的相关研究,更为优化企业出口策略、国家宏观规划和地区经济发展提供政策建议,为优化高铁修建提供了重要的理论支撑和依据线索。

第一章　导论

　　近年来,随着贸易自由化的推进与互联网的发展,关税壁垒和贸易往来中基础信息的交流对贸易的阻碍效应在不断弱化,而一些复杂信息,如对市场的了解、企业间供应关系的建立、港口通关时的信息交流等在贸易中的作用日益凸显。高铁作为客运专线,极大压缩了时空距离,便利了人员流动。在此背景下,从理论和实证层面探究高铁开通对企业出口的影响,及其内在机制具有较强的理论价值和现实意义。本书在确定研究思路和研究内容基础上,回顾既往研究构建本书理论框架,采用科学的数据和实证方法定量分析了高铁的企业出口效应,并探究其内在机制,以期得出可信、稳健的结果,提出对应的政策建议。

第一节　研究背景、目的和意义

一、研究背景

（一）交通基础设施发展

　　"要想富,先修路",交通基础设施建设,降低贸易成本,对经济和社会发展起了重要的支撑作用。随着交通基础设施的不断完善,货物运输成本极大降低,便利了生产要素在区域之间的流动,使经济活动的空间特征发生了巨大变化。从人类的发展历史来看,货物和人类的空间移动深受人自身和牲畜的体能限制。铁路的发明显著降低了运输成本,使中心城市之间建立了点对点的联系,因而对经济产生巨大影响(Donaldson and Hornbeck, 2016；Donaldson, 2018)。内燃机的发展使得汽车和卡车实现了批量生产,进而高速公路建设促使那些人口相对没有那么密集的地区与中心城市相连接,为货物和要素流动提供了更大的交通灵活性,掀起了对高速公路的经济影响研究的小热潮(Chandra and Thompson,2000;Baum-Snow,2007;Faber,2014;Cosar and Demir,2016)。即使是古老的交通方式海运,也得益于集装箱技术和 IT 技术(信息和沟通技术),对经济活动产生了显著影响(Clark et al.,2004;Wilmsmeier and Monios,2016)。此外,出现相对较晚的空运,以其速度和距离跨度优势对经济活动产生日益重要的影响,尤其是国际航班便利商务人士的面对面交流的经济效益逐渐被学者们所认识(Cristea,2011;Campante and Yanagizawa,2016)。高铁是 20 世纪中后期出现的一项重大技术创新。1964 年日本新干线是世界范围内开通的第一条高铁线路,其通过连接日本的重要城市,满足了客运运输的需求,推动了区域间人员等要素流动,并极大推进了太平洋沿岸城市群的同城化进程。

自 2008 年 8 月 1 日第一条 350 公里/小时的高铁线路——京津城际铁路开通运营以来,近十年中国高铁得了迅猛发展。依据国家 2016 年《中长期铁路规划》和《"十三五"现代综合交通运输体系发展规划》规定,目前已经建成了京津、沪宁、京沪、京广、哈大、沪昆等一批具有世界先进水平的高铁,以"八纵八横"为主骨架的高铁网络建设正在全面加快推进。据统计,"十二五"期间我国高铁建设总投资总计 18 750 亿元[①]。而"十三五"期间交通运输总投资预算相较"十二五"期间增加 20%(约 150 000 亿元[②]),根据国铁集团披露数据显示"十三五"期间高铁建设投资总计 39 887 亿元,与"十二五"期间相比,有增无减。截至 2011 年 12 月 31 日,采用高铁国际标准定义,包括既有线改造提速至时速 200 公里及以上的线路,新建设计时速(含预留)250 公里及以上客货专线和新建设计时速(含预留)250 公里及以下的客运专线(含城际线),世界范围内开通

[①] 主要资金来源包括中央预算内投资、铁路建设基金、铁路建设债券、专项建设基金、银行融资、地方政府的出资等。2016 年 7 月 20 日国家发改委新闻发布会。

[②] 数据来源:2017 年 2 月 27 日国新办新闻发布会。

运营的高铁里程总计达 1.8 万公里,其中中国高铁运营里程占一半以上
(57.03％)。近年来,我国高铁超高速发展,而国外几乎陷入停滞,仅土耳其、西
班牙投运了少量高铁,导致中国大陆高铁通车里程占世界的比重进一步提高。
截至 2016 年底,按国际标准和中国新标准统计,中国高铁通车里程高达 2.3 万
公里,覆盖了全国 53％的城市,总里程超过了世界高铁的 60％,使中国成为世
界头号高铁强国。中国高铁的飞速发展,极大地完善了国内交通网络,为经济
发展打开了新局面。此外,自 2013 年中国提出"一带一路"倡议以来,两年间中
国政府已经与其他国家达成建造 3.47 万公里高铁的协定,其中有 2.63 万公里
是在新丝绸之路上,预计会对高铁沿线的国家和人民产生重要影响。

(二) 中国对外贸易发展现状

自 1978 年我国政府工作报告明确提出发展对外贸易的号召以来,改革开
放至今的 40 年时间内,我国对外贸易取得了快速发展。(1)就贸易量而言,
1978 年,中国进出口贸易总额仅占世界总贸易额的 0.77％,出口仅占世界出口
总额的 0.75％,世界排名第 34 位;到 2017 年,中国进出口贸易总额占世界总贸
易额的 11.48％,排名世界第一位(总计约 4.105 2 万亿美元),出口总额占全球
份额的 12.8％,排名世界第一,进口仅次于美国,位居全球第二位。中国实现了
由"贸易小国"向"贸易大国"的转变。(2)就贸易产品种类而言,先后实现了由
初级产品为主向工业制成品为主、由轻纺产品为主向机电产品为主的转变。据
国务院发表的白皮书《中国的对外贸易》(2011 年),自进入 21 世纪以来,我国以
电子和信息技术为代表的高新技术产品出口比重不断扩大。但是,总体而言,
我国相当一部分出口产品种类依然集中于低附加值领域,仍然处于全球产业链
的中低端环节。(3)就出口目的地而言,亚洲始终是中国出口的主要目的地。
但是,自 2009 开始,面向非洲市场和拉丁美洲市场的出口不断显现;自 2001 年
中国加入 WTO,中国向北美洲和欧洲的出口量不断增长。可见,虽然中国的贸
易已取得了长足的发展,成为贸易大国,但是我国仍然面临出口产品附加值低、
出口目的地相对单一等局限。

3

(三) 交通基础设施对贸易的影响

近年来,国内外学者越来越多地关注交通基础设施建设带来的贸易成本改变对贸易的影响(Martincus and Blyde,2013;Liu et al.,2017;Donaldson,2018;Tombe and Zhu,2019)。然而,尽管大量研究表明交通基础设施通过降低货物物流成本促进企业出口,但是客运专线高铁作为交通网络中的重要组成部分,较少有人关注人员流动成本下降对企业出口的影响。随着贸易自由化的推进与互联网的发展,关税壁垒和贸易往来中基础信息的交流对贸易的阻碍效应在不断弱化,而获取一些复杂信息,如对市场的了解、企业间供应关系的建立、港口通关时的信息交流等则对贸易起着日益重要的作用,因而在贸易中日益受到关注。而这些复杂信息的获取,往往依赖于人与人之间的面对面交流(Cristea,2011;Startz,2016)①。针对2 300名《哈佛商业评论》的订阅用户的调查显示,国际会议上面对面交流对建立长期合作(95%)、商务谈判(89%)、发现新客户(79%)、了解消费者偏好(69%)等均至关重要。同样,来自牛津经济研究院的一项类似的调查报告强调了商业旅行投资对公司绩效的作用,提示人的流动和交流为贸易成本的重要组成部分。迅猛发展的中国高铁,具有压缩时空的作用(龙玉等,2017),可以改变地理距离造成的时空约束条件,极大地便利了人员的流动。基于"旨在便利旅客城市间出行的高铁迅猛发展"和"面对面交流在贸易中日益重要"这两个重要事实,本书将中国高铁的开通视作一项准自然实验,探究这一越来越重要的新型交通方式对企业出口的影响及其内在机制具有重要的理论价值和现实意义。与本研究密切相关的文献,主要有以下三个部分。

首先是交通基础设施对贸易的影响研究。全球每年都在交通基础设施建设方面进行巨大投资(World Bank,2014)。有关基础设施建设对贸易的影响

---

① 既往多个研究利用引力模型,采用多种代理指标对信息交流成本进行估算,包括语言因素(Rauch,1999)、民族文化(Rauch and Trindade,2002)、网络普及(Freund and Weinhold,2004)、电话交流(Fink et al.,2005)等。

研究也层出不穷,包括高速公路(Duranton et al.,2014;Jaworski and Kitchens,2016;Coşar and Demir,2016)、铁路(Xu,2015;Donaldson,2018)、机场(Cristea,2011;Campante and Yanagizawadrott,2016;Startz,2016)、港口(Clark et al.,2004)等。然而,上述交通基础设施相关研究中往往集中于通过减少货物或劳动力运输成本进而影响可变贸易成本来加强一个国家内部的市场整合,进而促进国家的经济增长(Baum-Snow,2007;Banerjee et al.,2012;Tombe and Zhu,2019;Campante and Yanagizawa,2016;Donaldson and Hornbeck,2016;Berger and Enflo,2017;Donaldson,2018)。实际上,并非所有的货物运输都采用了最便宜的运输方式,虽然货物运输成本已经大幅下降,但是绝大多数贸易仍然为短距离间贸易,表明运输成本的下降并没有解决远距离贸易的问题。近年来,随着贸易自由化的推进和互联网的发展,贸易中复杂信息交流导致固定贸易成本改变对企业出口的影响研究逐渐受到重视(Disdier and Head,2008;Hillberry and Hummels,2008;Cristea,2011;Poole,2013;Startz,2016)。例如有研究将通关时间用来衡量一国的通关效率(Wilson et al.,2003;董银果和吴秀云,2017;万晓宁和孙爱军,2015;谭晶荣和华曦,2016),甚至有学者直接用通关时间来衡量贸易便利化(Martinez-Zarzos and Marquez-Ramos,2008;Persson,2008;Djankov,Freund and Pham,2010;Bourdet and Persson,2012,2014;Nguyen Viet,2015)。高铁作为客运专线,李建斌(Jianbin,2011),吴康等(Wu et al.,2013)和奥利维耶等(Ollivier et al.,2014)对旅客高铁出行的目的问卷调查发现,相比于其他交通运输方式,25%~40%的短途高铁旅行和40%~60%的长途高铁旅行都是出于商务目的,而国际贸易的商务谈判是重要的内容之一。近年来国内外诸多文献从不同角度论证了高铁通过降低信息成本的机制促进经济活动(Gutiérrrez et al.,1996;Vickerman,1997;罗鹏飞等,2004;蒋海兵等,2010;Shaw et al.,2014)。然而,目前探究高铁对贸易的影响研究仍相对较少,并且尚缺乏高铁对企业出口的影响研究及其作用机制。因此,基于贸易成本变动视角探究高铁开通对企业出口的影响将利于拓展交通基础设施建设对贸易影响的理论框架,并且具有重要的现实意义。

其次是高铁与贸易成本。有关贸易成本的研究一直以来是贸易领域的研究热点。然而,有关贸易成本的研究始终面临着两个主要问题:(1)贸易成本泛指贸易过程中各类成本,是一个综合体系,因而其构成具有复杂性;(2)贸易成本体系中有一些组成部分很难量化,因而无法全面衡量。高铁作为现代化交通体系中的重要组成部分,与其他交通运输方式之间建立了有效衔接,能极大地提高区域可达性,而可达性的提高便利了人员面对面交流,能更加便捷地与外部市场进行知识、产品特征和市场供求等信息的沟通交流,进而降低了固定贸易成本。如沙尔诺等(Charnoz et al.,2018)将法国高铁开通视作一个冲击,发现高铁开通显著增强了分支机构与企业总部之间的联系,提高了管理效率,带来了企业利润率的提高;伯纳德等(Bernard et al.,2019)探究日本新干线对企业生产率的影响,发现高铁为企业管理者带来了更多的面对面交流机会,从而改进了企业采购和供应效率,进而提高企业生产率和绩效水平;霍尔曼和弛米德(Heuermann and Schmieder,2018)以德国高铁扩张为一个准自然实验,发现地区间通勤时间每降低 1% 会带来通勤者 0.25% 的增加;徐明(Xu,2017)基于结构方程方法发现,中国高铁提高了企业间匹配效率、促使企业找到更高效更好的供应商,进而促进了地区的出口和福利的提高;董晓芳等(Dong et al.,2018)认为高技能劳动力更能从面对面交流中获益,并证实了中国高铁开通与研究论文发表及其引用率之间的因果关系,并且随着二线城市被连入高铁,合作者生产效率随之提高,新的合作者增加。此外,从 2009—2014 年《中国铁路年鉴》中我们观察到各条高铁线路运载乘客数有明显逐年攀升的趋势,这表明旅客们越来越接受和习惯了高铁这一新颖的公共交通方式。与此同时,我们还发现随着高铁的发展,水运和航空的旅客运载比重没有很大的变化,而传统铁路和公路的旅客运载比重却有所下降(传统铁路从 2010 年的 8% 降至 2014 年的不足 7%;公路从 2010 年的 87% 降至 2014 年的 86%),表明高铁承担了越来越多的旅客出行需求。从传统铁路和公路中释放的那部分客运运能,可能通过提高货物运输的效率,进而降低可变贸易成本。因此,以高铁开通作为准自然实验,分解高铁对可变贸易成本和固定贸易成本的影响,将利于探究高铁开通对企业出口影响的内在机制。

最后是贸易成本对贸易的影响。近年来,基于不同贸易成本视角探讨对贸易二元边际的差异化影响,逐步成为贸易研究领域的热点(Eaton et al.,2004;Amurgo-Pacheco and Pierola,2008;Frensch,2010;Dutt et al.,2013)。如伊顿(Eaton et al.,2004)基于法国企业贸易数据得到,贸易成本变化带来的出口变化更多是由扩展边际所致;钱学锋(2008)以中国为研究对象得出了相似的结论;坎奇(Kancs,2007)考察东南欧国家发现,出口可变贸易成本下降对扩展边际和集约边际均有增长效应,其中集约边际更加显著,但是固定成本下降仅引起了扩展边际的增加;弗伦施(Frensch,2009)发现贸易自由化对进口的扩展边际有显著的正向效应,并认为这与异质性企业贸易模型关于贸易自由化的影响预测相符,即固定贸易成本降低带来的扩展边际会随着产品稳定性降低而增加;刘丹等(Liu et al.,2017)研究表明,高速公路通过改变可变贸易成本提高出口的集约边际。因此,高铁这一新型交通运输方式对不同贸易成本及出口结构的影响值得深入探究。

综上所述,本书基于既往文献,从贸易成本变动视角切入,考察中国高铁对企业出口的影响及其机制。首先,将贸易成本分解为可变贸易成本和固定贸易成本,通过机理分析阐释高铁对企业出口影响的理论框架。其次,利用企业层面数据实证检验高铁开通对企业出口的影响。借鉴费伯(Faber,2014)构造"最小生成树"作为工具变量解决内生性问题、事件分析法验证平行假设以及多种方法进行稳健性检验。再次,统计不同交通运输方式(普通铁路、高速公路、机场、高铁)的客运和货运变化评估高铁带来的可变贸易成本变化、实证检验高铁开通对高技能、低技能人员流动的影响,参考唐纳森和霍恩贝克(Donaldson and Hornbeck,2016)构建和测算市场准入评估高铁带来的固定贸易成本变化,对高铁影响企业出口的机制进行实证检验,并通过对出口二元边际、行业异质性、产品异质性、地区异质性等分析对机制进行再验证,结合企业异质性分析,以期对高铁的出口效应作系统评估。最后,结合本书理论框架和实证检验结果进行总结,并提出相应政策建议。

二、研究目的

本书将中国从 2008 年开始启动的、史无前例的大型交通基础设施高铁视作一项准自然实验(Quasi Natural Experiment),基于贸易成本变动视角考察中国高铁对企业出口的影响。本书的研究目的包括以下四个方面。

第一,提供新的证据:本书选取全世界公认的头号高铁大国——中国为样本,结合微观企业层面数据,探究中国高铁对企业出口的影响,为发展中国家的高铁经济效应的研究提供新依据。

第二,解决新的挑战:识别交通基础设施经济效应不可回避和忽视的就是交通基础设施的强内生性问题,识别其经济效应甚至就可以理解为不断解决这个问题的过程(Redding and Turner,2015)。我们借鉴费伯(Faber,2014)为高速公路构建工具变量的逻辑,采用水文、地形、起伏度等地理信息数据,构建了高铁的工具变量——"最小生成树"来解决内生性问题。

第三,拓展新的机制:在国际贸易成本研究中,既往研究集中在对可变贸易成本(货物运输成本)的研究。近年来,学者们对人员间面对面交流带来的固定贸易成本下降已经有了越来越深刻的认识。本书选取高铁这一客运专线,以期识别高铁开通对不同贸易成本(可变贸易成本和固定贸易成本)变动的影响,对企业出口的影响机制。结合出口二元边际、行业异质性(资本或技术密集型行业和劳动密集型行业)、产品异质性(是否为时间敏感性产品)、高铁站选址(高铁站相对于城市中心的区位关系)、地区异质性(是否为东部地区、是否直达港口、是否有机场)探究高铁开通对企业出口的差异化影响,为企业如何从高铁开通中获益提供切实的指导依据。这是本书拟探讨的核心问题,也是新意所在。

第四,补充新的理解:从理论机制和实证分析层面,通过探究高铁开通对企业出口的影响及其内在机制,以期为高铁建设、企业出口提供政策建议。

三、研究意义

(一) 理论价值

交通基础设施建设对贸易的影响一直是国际贸易领域的研究热点。而有关中国高铁对贸易的影响研究尚缺乏。更重要的是,目前尚缺乏有关高铁对贸易成本变动机制的探讨。因此,有关高铁对贸易成本和企业出口影响的研究具有较大的探索空间。具体来说,本书理论价值主要体现在以下几方面。

第一,首次探究高铁开通对企业出口的影响。目前关于交通基础设施对贸易成本变动的影响研究,几乎均基于铁路、高速公路、船运、机场等交通基础设施对运输成本等贸易成本影响的讨论。高铁作为铁路运输系统和整个交通运输系统的重要组成部分,高铁开通与原有的铁路运输系统形成了良好的互动,有利于缓解铁路运输长期供给不足的局面,优化铁路运输布局,提高铁路运输的效率,促进铁路运输和综合交通运输体系的发展。此外,面对由于运输成本下降带来的"距离消失"[①]与现实中"消失的贸易之谜"[②]之间的矛盾,越来越多的研究提示复杂信息交流成为影响贸易成本越来越重要的因素(Disdier and Head,2008;Hillberry and Hummels,2008;Cristea,2011;Poole,2013;Startz,2016)。高铁作为重要的客运专线,显著地缩减了地区间的时空距离,促进了区域间信息流通,通过减少信息交流成本,降低固定贸易成本。基于上述,本书拟利用客运专线高铁作为准自然实验,旨在探讨高铁对企业出口的影响,进而对交通基础设施影响贸易的相关研究进行拓展。

[①] 胡墨尔(Hummel,2007)认为第一次全球化中(1950—2004)国际贸易增长的一个可能的解释是国际贸易成本的降低,贸易的快速增长与这一阶段海运成本降低密切相关。基于此,他将交通技术改进带来的国与国之间贸易往来便利化的大幅提升总结为"距离消失"效应。

[②] 特拉夫勒(Trefler,1995)检验 HOV 模型的有效性的论文中提到"消失的贸易",指的是根据要素禀赋所得的贸易量远远低于实际中进行的贸易量,即原本"应该"进行贸易的国家和产业在实际情况中贸易量为零的情况。

第二,构建基于地理信息的工具变量解决交通基础设施建设研究中的内生性问题。在识别高铁与企业出口之间因果关系的过程中,对于回归模型不能解决的可能由测量误差和遗漏变量所致的内生性问题,我们进一步采用了工具变量法进行解决(Faber, 2014; Redding and Turner, 2015)。既往大量关于交通基础设施经济效应评估的研究指出,交通基础设施的布局并非完全随机。本书借鉴费伯(Faber, 2014)关于高速公路工具变量的思路,构建生成了"最小生成树"作为工具变量,来处理由于高铁建设的非随机性带来的内生性问题,为高铁建设相关研究提供了可借鉴的因果识别方法。

第三,分解客运专线高铁对可变贸易成本和固定贸易成本的影响阐释高铁对企业出口的影响机制。本书中对贸易成本进行分解,并进一步通过匹配海关数据、工业企业数据、高铁数据和城市数据,考察了高铁开通带来的可变贸易成本和固定贸易成本变动对企业出口的扩展边际和集约边际的影响。结合出口二元边际、行业异质性(资本或技术密集型行业和劳动密集型行业)、产品异质性(是否为时间敏感性产品)、高铁站选址(高铁站相对于城市中心的区位关系)、地区异质性(是否为东部地区、是否直达港口、是否有机场)探究高铁开通对企业出口的差异化影响,对企业出口研究进行了有益补充。

(二) 现实意义

第一,为优化高铁修建提供重要的理论支撑和依据线索。始于 2008 年的中国高铁建设发展迅猛,截至 2015 年底,"四纵四横"的高铁网络已经基本形成。"十三五"规划在现有基础上进一步提出了"八纵八横"的网络,高铁网络被进一步拓展和丰富。同时,随着高铁建设日趋完善,对其未来规划和建设的要求也越来越高,主要体现在高铁的定位和待建高铁的地理选址等方面。在最新的规划中,高铁不仅旨在连接主要大城市,还将与其他交通方式实现有效的衔接,成为现代化交通体系中的重要组成部分。当前,已经完成的高铁主要位于东部地区,诸多新建高铁站位于城乡接合部。随着高铁发展,高铁网络不断向中西部地区延伸拓展。这些新形势都将对高铁建设规划的科学性提出更高的要求。因此,本书对中国高铁展开分析,研究结论期望对优化中国高铁建设提供有益的启示或支撑。

第二,有助于提升沿线企业区位选择的合理性。高铁作为客运专线能够为沿线城市带来显著的"同城效应",减少企业的固定贸易成本,促进企业出口。既往研究表明高铁建设能够改变沿线企业的区位选择意向,特别是对于信息密集型企业(Lin,2017)。本书实证研究深入探究了高铁通过降低固定贸易成本促进企业出口的机制,并进一步从行业异质性(资本或技术密集型行业和劳动密集型行业)、产品异质性(是否为时间敏感性产品)、高铁站选址(高铁站相对于城市中心的区位关系)、地区异质性(是否为东部地区、是否直达港口、是否有机场)分析对高铁带来的出口效应机制进行再验证。结合企业异质性分析,以期对沿线企业的出口策略提供现实依据。

第三,为国家宏观规划和地区经济发展提供政策建议。高铁通过城市可达性的提高,整体上改善了投资环境,加速高铁沿线地区及城市的产业结构调整、产业转型和转移,促进形成交通产业带或经济带,为我国区域经济战略规划提供了重要的参考。然而,虽然高铁建设和运营为区域经济发展带来了机遇,本研究实证分析发现高铁主要对高技能人群产生影响,对高铁的经济效益评估作了重要补充,为均衡地区发展均提供了有益的启示。

第二节　研究思路、内容和方法

一、研究思路

本书首先基于交通基础设施建设现状,结合梅里兹(Melitz,2003)提出的异质性贸易理论和伊顿等(Eaton et al.,2016)构建的"企业—企业"贸易理论,提出本书的研究问题,即探究日益发展的中国高铁对企业出口的影响及其影响机制。在对既往有关基础设施建设对贸易的影响、高铁经济效应评估、贸易成本对贸易的影响系统综述基础上,结合高铁的建设特点以及优劣势分析了高铁对贸易成本、企业出口影响的理论机制。进一步通过匹配 2000—2011 年中国海关数据、工业企业数据、高铁数据和城市数据,实证检验了中国高铁引致的不同贸易成本变动对企业出口的影响、作用机制以及企业出口特征、高铁站选址异质性、企业异质性和地区异质性分析。

本书研究技术路线图见图 1-1。

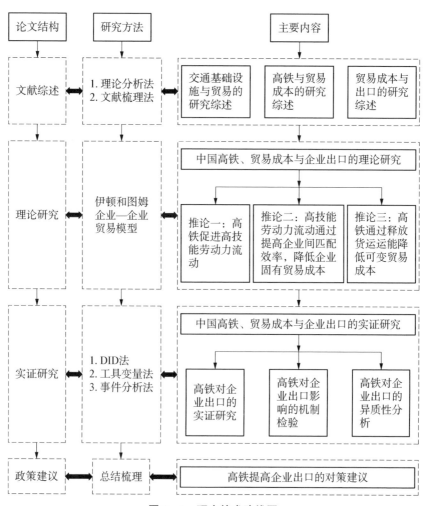

图 1-1 研究技术路线图

二、研究内容

本书研究内容分为以下七个部分：

第一章为导论。介绍了本书的研究背景、研究目的、研究意义，研究思路、研究方法、研究创新与不足。

第二章为文献综述。与本书密切相关的文献包括交通基础设施与贸易的相关研究、高铁与贸易成本的相关研究和贸易成本影响贸易的相关研究。其中，交通基础设施与贸易的研究综述，细分为铁路、公路、机场和港口对贸易的影响研究和高铁的经济效应分析。尽管交通基础设施对贸易的影响研究一直是贸易领域的研究重点，但是绝大多数都是从货运成本降低的分析视角切入，较少有研究关注旨在降低客运成本的交通运输（如高铁）的影响。为了量化高铁引致的贸易成本变化，我们借鉴唐纳森和霍恩贝克（Donaldson and Hornbeck，2016）与林娅堂（Lin，2017）的研究，构建和测算了市场准入。最后，贸易成本与贸易的研究回顾了贸易成本与出口二元边际的结构性探究。

第三章为中国高铁、贸易成本与企业出口的理论研究。简要介绍中国高铁的发展历程和现状，结合高铁的分布特征和技术优劣势，分析高铁开通对可变贸易成本和固定贸易成本的影响机制。其中，可变贸易成本主要基于高铁开通后释放既有线路货运运能的角度，而固定贸易成本则是基于高铁开通带来城市间人员交流成本降低、实证出行便利的角度，为后续分析高铁开通对不同类型贸易成本（可变贸易成本和固定贸易成本）的影响提供依据。通过整合既往文献对高铁影响企业出口的机理进行分析后提出：高铁促进高技能劳动力流动；高技能劳动力流动通过提高企业间供应关系匹配效率，降低企业固有贸易成本；高铁通过释放既有线路货运运能降低可变贸易成本。

第四章为中国高铁对企业出口的实证研究。利用匹配的 2000—2011 年中国海关数据、工业企业数据、高铁数据和城市数据，将高铁在各个城市内的开通视作准自然实验的外生冲击，采用双重差分方法进行回归。通过构建"最小生成树"作为工具变量来解决内生性问题，通过事件分析法来验证模型的平行假设。为了保障回归结果的稳健性,文章采用 PPML 方法、Truncreg 模型、安慰剂检验、不同样本窗口的亚组分析和独立样本数据等方法进行分析。

第五章为中国高铁对企业出口的机制检验。通过比较高铁、普通铁路、高速公路、航空等客运和货运情况检验高铁的运能释放效应(可变贸易成本);通过实证检验高铁对不同行业人员就业、流动人口等的影响检验高铁开通对不同人群的差异影响,进而测算高铁引致的市场准入(MA_HSR)来刻画高铁通过便利高技能人员流动带来的固定贸易成本变化。

第六章为中国高铁对企业出口的异质性分析。基于企业出口特征异质性(出口二元边际、行业异质性——资本或技术密集型行业和劳动密集型行业)、产品异质性(是否为时间敏感性产品)、高铁站选址(高铁站相对于城市中心的区位关系)、企业异质性(国有企业/非国有企业,内资企业/外资企业,在位企业/新近企业)、地区异质性(是否为东部地区、是否直达港口、是否有机场)视角探究高铁对企业出口的差异化影响。

第七章为总结与展望。在对全书内容进行概括的基础上,基于本书研究结果提出政策启示和建议,并提出未来的研究方向。

三、研究方法

本书采取理论研究与实证研究、定性分析与定量分析相结合的研究方法。在既往理论研究基础上进行归纳,通过建立科学的计量模型和利用规范有效的统计工具,包括双重差分法、工具变量法、事件分析法以及多种稳健性检验,对相关数据进行实证检验和分析,以期实现研究过程的科学性以及相关结论的可信性。

(一) 理论分析法

本书在对既往理论研究梳理和归纳的基础上进行拓展,构建本书的理论框架。借鉴徐明(Xu,2017)、伯纳德等(Bernard et al.,2019)和沙尔诺等(Charnoz et al.,2018)的相关研究,构建高铁开通通过影响高技能劳动力流动,提高企业间供应关系匹配效率,从而对企业产生影响的机制。此外,通过徐利民(2012)、孙培愿(2012)、嵇昊威和赵媛(2014)、帕祖尔和梅勒(Pazour and Meller,2009)、斯瓦(Shaw,2014)等的研究,构建高铁开通通过对铁路、公路等交通基础设施运能释放,直接降低货物运输成本,从而对企业出口产生影响的机制。依据上述两个机制,本书建立了研究的理论框架,即高铁开通通过影响高技能劳动力流动、提高企业间供应关系匹配效率和释放其他交通基础设施方式运能对企业出口产生影响。

(二) 计量分析法

本书在理论模型结论基础上构建计量检验模型,既包括高铁开通对企业出口的估计和检验,也包括高铁开通对企业出口机制的验证。实证模型方法上选用了双重差分模型,在解决内生性方面借鉴了费伯(Faber,2014)为高速公路构建工具变量的逻辑,采用水文、地形、起伏度等地理信息数据,构建了高铁的工具变量——"最小生成树"来解决内生性问题。此外,还采用了 PPML 方法、Truncreg 模型、计划修建高铁数据、生产率替代指标、分时间段亚组等方法进行稳健性检验,增加结果的可靠性。

(三) 指标分析法

在前沿研究方法的基础上,本书参考唐纳森和霍恩贝克(Donaldson and Hornbeck,2016)与林娅堂(Lin,2017)的研究,构建"市场准入"指标作为固定贸易成本的代理变量,并根据既往文献对参数"市场准入"中 θ 选取不同值:本书借鉴了伊顿和科图姆(Eaton and Kortum,2002)(估计 θ 为 3.60)、唐纳森和霍恩贝克(Donaldson and Hornbeck,2016)(估计 θ 为 3.80)以及汤姆彼和朱晓东(Tombe and Zhu,2019)(估计 θ 为 4)文献中的参数进行测算,以此探究高铁影响企业出口的作用机制。

第三节　研究创新与不足

一、创新之处

当前,国内外越来越多地关注交通基础设施建设带来的贸易成本改变对贸易的影响(Liu et al.,2017)。然而,尽管大量研究表明交通基础设施通过改善货物运输进而降低可变贸易成本促进企业出口,但是较少有人关注旨在降低客运成本的基础设施建设对企业出口的影响。结合目前研究现状,本书的主要创新点主要体现在以下方面。

第一,为中国高铁经济效应评估提供新的研究视角。据笔者所知,本书是国内首次关注中国高铁对企业出口影响的研究:在控制企业、城市特征以及省份、行业层面加总效应后我们发现中国高铁开通显著促进了企业出口,拓展了现有关于高铁的研究。

第二,为高铁建设相关研究提供新的因果识别方法。本书借鉴了费伯(Faber,2014)为高速公路构建工具变量的逻辑,采用水文、地形、起伏度等地理信息数据,构建了高铁的工具变量——"最小生成树"来解决内生性问题,识别高铁与企业出口之间的因果关系。

第三,为高铁影响企业出口提供新的机制分析。在理论研究的基础上,本书参考唐纳森和霍恩贝克(Donaldson and Hornbeck,2016)与林娅堂(Lin,2017)的研究,构建和计算"市场准入"指标作为固定贸易成本的代理变量,探究高铁影响企业出口的作用机制。结果显示,高铁开通显著提高了城市的市场准入,降低了人与人面对面的交流成本,便利了企业对市场的信息搜索、供应关系的建立等信息交流,降低了企业出口的固定贸易成本,进而促进企业出口的扩展边际。本书对交通基础设施通过改变贸易成本影响贸易的相关研究进行了拓展。

二、不足之处

鉴于数据和政策原因,本书研究仍存在一些不足,这也是我们今后的研究方向。随着数据可获性的增加,今后将进一步深化和追踪相关研究。

第一,高铁对企业出口的长期影响有待追踪。高铁开通始于 2008 年京津城际高铁,大部分城市都是在 2009 年及之后年份才通车。本研究中研究数据期限为 2000—2011 年,由于高铁开通时间仅覆盖 2008—2011 共计 4 年,因此不能全面追踪和评估高铁修建带来的动态变化和长期效应。

第二,未能评估高铁对中心城市的影响。本书中内生性问题主要来自高铁修建的非随机性。"基于行政管理的需要,国家在规划时更是明确指出,直辖市和省会城市等系列中心城市是必定会贯通高铁的。"位于这些区域中心城市的企业,一般认为在拥有区位优势的情况下可能原本就相对于其他城市的企业有领先优势,因而会在出口上有更显著的表现是内生性最主要的来源。因此,本书去除了规划中开通高铁的"直辖市、省会城市和副省级城市",构建双重差分模型来考察高铁开通对企业出口的影响,因而无法评估高铁开通对中心城市带来的经济效应。

第二章　文献综述

本书旨在探究中国高铁、贸易成本与企业出口之间的关系和机制。在本章中我们重点梳理了与本书研究内容密切相关的文献,包括交通基础设施与贸易的相关研究、高铁与贸易成本的相关研究和贸易成本与出口的相关研究。在文献回顾与梳理中,我们重点结合相关文献对高铁的经济效应、作用机制及研究结果进行分析。最后对相关文献进行总结,并提出本书的研究方向和研究价值。

第一节　交通基础设施与贸易的相关研究

一、铁路、公路、机场和港口对贸易的影响研究

"要想富,先修路",国际贸易理论的发展贯穿着交通运输方式的改善。交通运输与国际贸易的相关研究最早可以追溯到 18 世纪。亚当·斯密(1776)提出劳动分工提高了经济效率,但是劳动分工受到交通运输条件的制约。交通运输条件的改良不仅可以减少货物运输成本,还能够开拓市场,促进贸易发展。李斯特(Liszt)认为一个国家的国内贸易,主要是靠国内工业以及由此改进的运输工具和人口的增长发展起来的。20 世纪初,赫克歇尔(Heckscher)和俄林(Ohlin)从生产要素构成比例差别入手,解释了生产成本和商品价格的差异,进而阐释比较优势的产生。俄林将贸易发生的基础归结为同一产品在不同地区生产成本的不同。在完全竞争的市场条件下,生产成本的差异将会导致商品价格的差异,一旦两国间商品价格差超过了运输等交通运输费用,商品就会从价

格低廉的地方输往价格高昂的地方。拉德纳(Lardner，1850)[①]进一步提出了运输和贸易的平方定律——"拉德纳法则"(运输和贸易范围的准则)，即随着运输工具的速度和运输质量的不断提高和改善，当运费减少一半，供货距离可以增大一倍，而市场范围可扩大四倍。克鲁格曼(Krugman，1991)对运输成本在国际贸易中的影响进行了开创性的研究，率先将贸易理论与区位理论相结合，把不完全竞争、规模经济和运输成本的相互作用视为解释工业集中和中心外围空间模式的关键。

自由贸易主义显著地降低了贸易中的关税壁垒，甚至是一些非关税壁垒。例如，亚洲的平均关税从 20 世纪 80 年代的 30％降到 20 世纪 90 年代的平均 14％，拉丁美洲的关税从 31％降到了 11％。这些人为贸易障碍的减少，意味着另一个决定贸易成本的因素——运输成本的相对重要性增强。由于自由主义不断地降低人为的贸易障碍，由运输成本带来的有效保护率很多情况下比关税的保护还要高。克拉克(Clark et al.，2004)发现，智利和厄尔瓜多运输成本远超其对美关税的 20 倍。因此，必须考虑和分析运输成本对贸易的日益重要的影响。由于交通运输的改善对贸易有显著的影响，全球每年都为改善交通基础设施进行巨大的投资(World Bank，2014)。而有关交通基础设施建设对贸易的影响研究也是层出不穷，包括：高速公路(Duranton et al.，2014；Jaworski and Kitchens，2016；Cosar and Demir，2016)、铁路(Xu，2015；Donaldson，2018)、机场(Cristea，2011；Campante and Yanagizawadrott，2016；Startz，2016)和港口(Clark et al.，2004)等。具体来看，迪朗东(Duranton et al.，2014)以 1528—1850 年间美国拓展道路的外生变量——1898 年的铁路线路和 1947 年的高速公路网规划为工具变量，估计了洲际高速公路对区级贸易的影

[①] Lardner D. Railway Economy：A Treatise on the New Art of Transport，Its Management，Prospects，and Relations，Commercial，Financial and Social；with an Exposition of the Practical Results of the Railways in Operation in the United Kingdom，on the Continenet，and in America [M]. Taylor，Walton，and Maberly，1850.

响,出乎意料地发现其对城市间贸易总量并没有显著影响。唐纳森(Donaldson, 2018)亦估计了铁路对美国区域间贸易的影响,实证揭示了铁路降低了贸易成本而促进了贸易,且弥合了地区间价格差异,增加了福利。徐明(Xu, 2015)、科萨和德米尔(Cosar and Demir, 2016)则分别用铁路和高速公路数据分析了交通基础设施对国际贸易的影响。

国际贸易研究中的一个核心问题是贸易成本如何对贸易产生影响。回顾既往文献,大部分研究通过构造贸易引力模型来探究基础设施建设通过贸易成本对贸易的影响。如布哥黑斯(Bougheas et al., 1999)通过构建贸易引力模型,发现交通基础设施条件改善通过降低交易成本对贸易流量产生正向影响,是一国在国际市场上竞争力差异的一个重要原因。利马奥和维纳布尔(Limao and Venables, 2001)研究内陆国家道路基础设施与贸易关系时发现,运输成本增加10%会减少至少20%的贸易。而落后的基础设施占了运输成本的40%以上。詹科夫(Djankov et al., 2010)发现商品在贸易中的运输时间每增加一天,贸易量减少约1%。杜瓦尔和乌托卡姆(Duval and Utokham, 2009)的研究也发现,运输成本和出口之间的负相关关系,商品运输到最近港口的运输成本每降低5%,出口量至少增加4%。马丁克斯和布利德(Martincus and Blyde, 2013)发现由于研究数据可获性限制和识别交通对贸易影响不可回避的内生性问题难以解决,关于国内交通基础设施对贸易的影响研究十分稀少。他们的研究通过结合智利企业出口数据和详细的地理信息数据,将2010年发生的地震视作一个对交通基础设施和交通运输成本的外生冲击,发现若移去交通基础设施,将对企业出口产生显著的负向影响。

国际贸易中运输包括国内运输与国际运输两个部分,涉及不同类型的交通运输方式,包括陆运、空运、海运等。随着技术的发展和各类交通运输方式的不断完善,针对不同类型交通设施,如铁路、公路、机场、港口等方式展开的研究日益增多。(1)铁路。唐纳森(Donaldson, 2018)分析印度铁路对社会福利的影响时,发现铁路降低了贸易成本,减小了区域间的价格差异,促进了贸易,提升了地区的福利。通铁路地区的农业真实收入增加约 18%。机制探究中,把铁路引致的贸易成本降低与地区福利的提升相联系,构建了多地区、多产品和不限制的贸易成本的一般均衡模型,拓展了伊顿和科图姆(Eaton and Kortum,2002)的研究,识别了贸易成本降低的机制。2000 年 10 月 21 日,连接中国东部和西部地区的陇海线和兰新线进行了提速,运输效率明显提高。徐航天(Xu,2016)以此为准自然实验,基于往来出口数据,探究铁路速度和运载能力提升对中国向中亚出口的影响。结果表明铁路提速带来的出口,相较于其他运输模式下的出口增长约 30%,其中集约边际相较于扩展边际受到的影响更加显著(出口额的增加是源于已有出口商的规模扩大,而非新的出口商进入市场)。这一结果在排除需求变动、其他宏观经济冲击和增加其他控制变量下仍旧稳健。(2)公路。迪朗东和特纳(Duranton and Turner,2012)探究城市主干道路对地区福利的长期影响,发现城市道路存量增加 10%在 20 年后会导致人口和就业增长2%,以及家庭贫困率的降低。迪朗东等(Duranton et al.,2014)则是以美国的高速公路为对象,从贸易视角切入探究其经济效应。机制分析发现城市公路里程增加 10%会引起该城市出口商品重量增加 5%,但是对出口额没有显著的影响,提示公路的增加可能会促使城市增加质量大的出口商品的生产。同时,由于高速公路并没有增加贸易额,因此随着高速公路而增加的贸易并没有给地区带来显著的福利效应。科萨和德米尔(Cosar and Demir,2016)以土耳其为例考察了国家交通网络的提高如何影响其国际贸易的总量与布局,发现如果道路从单行马路升级为高速公路,货物运输成本将下降 70%,促进了各地区与国际贸易入口之间的联系。马丁克斯等(Martincus et al.,2017)基于发展中国家秘鲁详细的企业层面数据,发现道路基础设施的建设显著地正向影响企业出口和就业增长。刘丹等(Liu et al.,2017)实证检验了高速公路对企业出口的影响。结果显示,在控制了企业特征、不可观测的城市和行业层面随时间变化的变量后,高速公路建设能显著地促进企业的出口。有趣的是,生产率低的企业相较于其他生产率高的企业更能从中获得激励。(3)机场。航空运输技术的变化和运输成本的大幅下降被认为是 20 世纪后半期全球化的第二个重要源头。胡梅尔斯(Hummels,2007)检验了 20 世纪中期出现的航空运输对贸易成本带来的影响:从 1995 年到 2004 年,每吨运输平均收入下降了 92%。因此,航空运输在这一时期从微不足道的贸易份额占到了美国进口总值的 1/3,以及北美出口的一半。克里斯提亚(Cristea,2011)则以 1998—2003 年美国国际航班和相应的海关数据识别国际商务中的面对面会谈对贸易的影响。研究发现通过国际航空带来的面对面商务交流显著正向影响了复杂制造业的贸易,促进了出口规模的扩大。差异化的商品依赖于面对面交流、双边出行成本以及国外市场潜力会共同影响买卖双方关系中的最优互动程度。国际航班直接影响了贸易中的信息成本,也很好地显示了面对面商务交流对国际贸易的重要性。同样地,普尔(Poole,2013)利用美国的国际航班中商务出行的数据,发现借助国际航班的商务出行有利于克服国际贸易中的信息不对称,通过促进新的出口关系的建立而正向影响贸易。胡梅尔斯和绍尔(Hummels and Schaur,2013)利用了美国 1991—2005 年的进口数据,研究对外贸易中运输方式的选择。他们研究发现相对价格和相对运费都与企业空运的相对价值有负向的相关关系。运输天数的增加会显著提升企业使用空运运输方式的比例。同样,运输时间也会显著增加企业空运的扩展边际(企业的进口来源国数目)。对美国的东西海岸和不同的产品(区分产品大类和加入"生鲜"或"中间品投入"虚拟变量)进行多种组合的分析,也都能证明运输时间对企业运输方式的选择有着稳健的显著影响。

(4)港口。威尔逊等(Wilson et al.,2003)在传统的贸易理论中引入了运输成本和其他因素,以解释贸易的增长和贸易模式的演变,发现港口和机场效率显著地影响了 APEC 国家之间的贸易量。克拉克等(Clark et al.,2004)着眼于港口的经济影响研究,他们观察拉丁美洲与美国贸易往来,发现了海运成本中的港口运行效率对贸易的显著正向影响,港口效率从 25 分位数改善到 75 分位数,会使海运成本降低 12%(折合约 5 000 米的运输距离),使双边贸易增加约 25%。进一步的机制分析发现,造成港口低效率中会影响贸易成本的因素有:

繁琐的规章制度、组织中的犯罪以及国家整体的基础设施条件。威尔逊等(Wilson et al.，2005)将贸易基础设施指标引入到拓展的贸易引力模型中,发现港口效率和服务部门的基础设施对贸易流量有显著影响,比如互联网的使用、速度和成本。谢泊德和威尔逊(Shepherd and Wilson，2009)以及霍克马和尼基塔(Hoekman and Nicita，2008)关注了港口和信息通信基础改善对贸易产生的重要影响。帕斯卡利(Pascali，2016)检验了蒸汽船对各国贸易模式的影响后发现:第一,有关蒸汽船取代帆船的过程,学术界一直存在"逐渐取代学说"和"突然取代学说"两种观点,实证结果支持了后一种观点。影响贸易量的主要因素在 19 世纪 60 年代由帆船速度转变为蒸汽船速度。第二,传统文献中基于运费,对贸易成本下降在全球化中所起的作用估计结果普遍偏低,蒸汽船应用能解释 53% 的贸易量上涨。第三,以后来各国城市化程度或人口密度为准绳,贸易成本下降不一定使所有国家都受益。第四,如果以政体数据集中"对执政者约束"为指标衡量政体质量,贸易成本下降对政体质量较好的国家经济有显著正面影响,对质量较差的国家经济有显著负面影响。

由上可见,不同交通基础设施对城市发展、企业出口、地区福利等各方面均产生重要影响。高铁作为新兴交通运输工具,其大规模建设和完善势必对中国产生重要的影响。

二、高铁的经济效应评估及其影响机制

高铁的开通运营能够很好地满足区域要素流动的需求,有利于带动各地区经济增长,缩短区域间差距。随着高铁建设的不断发展,国外对高铁进行了较为系统和深入的研究。日本、法国、德国在高铁建设方面取得了巨大成就,为其他国家高铁建设提供了宝贵经验,而中国高铁的相关研究亟待完善。表 2-1 是对国内外有关高铁(日本新干线、法国超高铁、中国高铁)对区域经济发展的相关研究汇总。

表 2-1 高铁代表性研究文献汇总

作者（发表时间）	发表杂志	样本时间跨度	样本国家（地区）	样本类型	高铁指标	方法	结论
Sasaki et al. (1997)	The Annals of Regional Science	1975—1986	日本	面板数据	通过高铁线的长度构造可达性指数	构建供给驱动的计量经济模型	促进当地发展，没有导致区域不平衡。
Marti-Hennenberg (2000)	—	—	法国	—	—	—	既没有导致行业集中，也没有导致去中心效应。
Berhens and Pels (2011)	Journal of Urban Economics	2003—2009	欧洲	面板数据	准时度、旅行时间、每周频率和票价	混合多项Logit模型	高铁开通会对机场产生竞争。
Ahlfeldt et al. (2010)	Ersa Conference Papers	1992—2006	德国	面板数据	通过高铁到其他城市的时间加权城市GDP构造市场准入	双重差分法	促进当地GDP发展，提高了可达性。
Zheng and Kahn(2013)	PNAS	2006—2010	中国	面板数据	根据高铁开通构造市场潜力指数	工具变量法	高铁提高了房价。
Lin(2017)	Journal of Urban Economics	2000—2014	中国	面板数据	通高铁为1，否则为0	双重差分法	高铁开通提高了市场准入，从而正向促进就业。

续表

作者（发表时间）	发表杂志	样本时间跨度	样本国家（地区）	样本类型	高铁指标	方法	结论
Ke et al. (2017)	China Economic Review	1990—2013	中国	面板数据	通高铁为1，否则为0	Hsiao, Chin and Wan (2012)提出的反事实模拟法	修建高铁的实验组关于选址、路线和区域具有异质性，只有当地城市具有较好的工业，高铁开通越利于当地经济的发展。
Qin(2017)	Journal of Economic Geography	1996—2009	中国	面板数据	计划修建高铁为1，否则为0	双重差分法	高铁计划修建通过减少固定资产投资，从而负向影响GDP发展。
Bernard et al. (2019)	Journal of Political Economy	2005—2010	日本	面板数据	通高铁为1，否则为0和离高铁站的距离	三重差分法	铁路竣工前后，靠近和要素密集而且靠近新干线车站的企业在九州新干线运营后，生产绩效得到显著提升。
Heuermann and Schmieder (2018)	Journal of Economic Geography	1994—2010	德国	面板数据	高铁开通作为旅行时间的工具变量	引力模型，工具变量法	高铁修建减少旅行人员流动，使得工人到小城市工作，然后居住在大城市。
Charnoz et al. (2018)	The Economic Journal	1993—2011	法国	面板数据	高铁开通作为旅行时间的工具变量	工具变量法	高铁开通使得母公司和子公司之间交流成本下降，从而促进远处的子公司增长和功能性的专业化。

续表

作者 （发表时间）	发表杂志	样本 时间跨度	样本 国家（地区）	样本 类型	高铁 指标	方法	结论
Dong et al. (2018)	*NBER*	2006—2015	中国	面板 数据	通高铁为 1， 否则为 0	工具变量法	高铁开通有利于两个城市之 间学者的交流与互动。更进 一步，将学者所在学科划分 为自然科学和社会科学， 发现高铁对社会科学的学者 影响更大。
Yu et al. (2019)	*Journal of R- egional Scien- ce*	1999—2013	中国	面板 数据	通高铁为 1， 否则为 0	工具变量法 （"最小生成 树"）	高铁开通通过减少固定资产 投资从而负向影响城市周围 GDP 发展。
黄张凯 等 (2016)	《世界经济》	2008—2012	中国	面板 数据	公司所在地 50 公里以内 有高铁站则 取值为 1，否 则为 0	OLS 回归方 法	高铁带来的信息沟通便利弥 补了地理距离对 IPO 定价的 影响，降低发行价格相对于 真实价值的扭曲，提高资本 市场定价效率。
张俊(2017)	《经济学季 刊》	2008—2013	中国	面板 数据	通高铁为 1， 否则为 0	双重差分法	高铁显著促进通高铁的 县级市经济增长（约 34.64%）和固定资产投资增 加（37%），但是对县级市的 经济增长的影响不显著。

续表

作者 (发表时间)	发表杂志	样本 时间跨度	样本 国家(地区)	样本 类型	高铁 指标	方法	结论
龙玉等(2017)	《经济研究》	2006—2012	中国	面板数据	通高铁为1，否则为0	双重差分法	高铁开通显著增加了风险投资，并且由于信息交流成本的下降，信息敏感性较高的初创期和扩张期的风险投资增加更明显。
刘勇政和李岩(2017)	《金融研究》	2000—2013	中国	面板数据	通高铁为1，否则为0	双重差分法	高铁开通将城市经济增长速度平均提高2.7%，相邻城市相对于其他未开通高铁的城市经济增长率增加2%。
赵静等(2018)	《管理世界》	2005—2014	中国	面板数据	通高铁为1，否则为0	双重差分法	高铁的开通带来了所在地上市公司股价崩盘风险的降低，这一关系在只开通城际高铁和同时开通城际和非城际高铁的年度分析更为显著。进一步渠道分析发现，高铁开通对股价崩盘风险的降低作用在信息不对称程度较高和外部监管环境较弱的情况下更为显著。

续表

作者 （发表时间）	发表杂志	样本 时间跨度	样本 国家（地区）	样本 类型	高铁 指标	方法	结论
张梦婷等 (2018)	《中国工业经济》	1999—2011	中国	面板数据	通高铁为1，否则为0	工具变量法（"最小生成树"）	高铁的开通产生了显著的虹吸效应，因而对外围城市的企业生产率反而有显著的负向影响。
陈丰龙等 (2018)	《财贸经济》	1992—2013	中国	面板数据	通高铁为1，否则为0	空间滞后模型和空间误差模型	中国城市经济增长存在绝对收敛，基于空间溢出的学习效应、分享效应，竞争效应等是不同城市实现经济收敛的内在机制。
周玉龙等 (2018)	《中国工业经济》	2007—2014	中国	面板数据	通高铁为1，否则为0	双重和三重差分法	设有高铁车站的城市比未设站城市的地价平均提高约7.0%，且每多开设一个高铁车站，城市地价还会提高约1.3%；高铁建设导致城市住宅用地和商业服务业设施用地价格上涨22%和11%，但是工业用地价格下降约17%。
卞元超等 (2018)	《财贸经济》	2004—2014	中国	面板数据	通高铁为1，否则为0	双重差分法	高铁开通显著扩大了省会城市的经济差距，但是对非省会城市的影响效应是不显著的。

续表

作者（发表时间）	发表杂志	样本国家（地区）	样本时间跨度	样本类型	高铁指标	方法	结论
龙玉等（2019）	《经济学动态》	中国	2003—2012	面板数据	通高铁为1，否则为0	双重差分法	在高铁通车之后，风险投资和被投资企业之间的交流更加容易，软性信息更加容易传递，异地投资的绩效较之前明显有所提高。

注：资料来源为笔者根据实证文献整理所得。Marti-Hennenberg（2000）除摘要英文外，其他是法语，故无法获得具体信息。

(一) 国外高铁经济效应的相关研究

随着高铁的建立,国外有关高铁的研究日益增多,概括而言主要包括以下四个方面。

首先,高铁显著改善了区域可达性。高铁运行速度快、客运运能大,极大地拉近了区域间的时空距离,提高了城市间的可达性和经济联系。小林(Kobayashi,1997)和布鲁姆等(Blum et al.,1997)从提高区域可达性的视角展开研究,认为高铁改善了区域之间的交通、加强了区域间联系、提升了区域的可达性。维克曼(Vickerman,1997)认为高铁极大缩短了欧洲核心区内重要城市间的时间距离,增强了欧洲的一体化和竞争力。布鲁姆等(Blum et al.,1997)认为高铁沿线各个节点城市被连接在一起,沿线城市成为一个整体,对外围区域具有扩张的作用。古铁雷斯(Gutierrez,2001)发现法国修建 TGV 提高了地区之间的可达性。冈田(Okada,1994)发现日本新干线的开通极大缩短了旅客的出行时间,增强了地区之间的可达性。

其次,高铁对区域经济发展的影响。大量研究发现高铁显著促进了区域经济发展水平。如小林和奥村(Kobayashi and Okumura,1997)提出以铁路线路为轴线,在一定的地理范围内高铁对区域经济的影响呈现出从内向外逐渐递减的模型。佐坂等(Sasaki et al.,1997)发现日本新干线客流量增长与 GDP 水平显著相关。林奇(Lynch,1998)发现佛罗里达州高铁的开通不仅促进了地区经济增长,并且有助于推动文化传播。维克曼(Vickerman,1997)、陈和霍尔(Chen and Hall,2010)及埃利斯(Ellis,2010)分别关注欧洲高铁、英国城际高铁和美国高铁对区域经济的影响,高铁通过提高区域通达性正向影响区域发展。然而,另有研究发现,虽然高铁开通能提高地区间可达性,提升地区竞争条件,但是高铁开通带来的区域发展对不同地区存在差异化影响,可能使主要地区的经济活动更为集中。科托-米兰(Coto-Millan,2007)发现位于欧洲中部的城市与处于边缘的国家的城市相比,更能从交通运输条件改善中获益,呈现出由外围向中心集聚的虹吸效应。李志刚和徐航天(Li and Xu,2016)基于日本高铁干线的实证研究发现高铁开通对不同行业就业人数呈现出差异化影响,表现为外围区域的服务业就业人数减少了 7%,但是制造业就业增加了 21%。

再次,高铁对劳动力市场和产业结构等方面的影响研究。高铁使得人们在短时间内实现了长距离的运输,改变了人们的出行方式。仲村和上田(Nakamura and Ueda,1989)分析发现日本新干线修建以后,旅游业和服务业就业人口、地区行政中心和铁路车站所在城市人口、与高铁车站通勤便捷的地区人口都有明显增长。佐坂等(Sasaki et al.,1997)及仲村和上田(Nakamura and Ueda,1989)对日本新干线的经济效应展开研究,前者发现高铁一定程度上疏散了经济活动和人口在空间上的集聚,后者发现高铁建成后旅游业等服务行业的从业人员有明显的增长,尤其在高铁开通城市。

最后,高铁作为重要的交通运输方式,对交通运输系统产生了重要影响。亨舍(Hensher,1997)研究了澳大利亚高铁建成通车后,承担一定的客运量。阿凡迪扎德(Afandizadeh,1997)分析了高铁开通对原有交通运输网络结构的调整作用。林奇(Lynch,1998)横向对比了其他几类交通方式受高铁的影响,发现高铁的开通降低了高速公路和航空的旅行量,能源消耗降低。

(二) 中国高铁经济效应的相关研究

由于受到资金、技术等条件的限制,中国高铁起步较晚。自 2008 年第一条高铁修建成功以来,中国高铁建设飞速发展,高铁技术和功能日趋完善,并取得世界各国的认可。既往对中国高铁与经济发展的研究主要集中于定性研究,发现高铁开通会对沿线区域的产业结构、经济社会发展产生重要影响。随着高铁的发展和数据的可获性增加,有关中国高铁的定量研究也逐渐增加。

首先,关于中国高铁与城市可达性的相关研究。罗鹏飞等(2004)研究发现高铁开通显著提高了沿线地区可达性,并且与开通高铁城市邻近的区域亦可从高铁中受益。蒋海兵等(2010)采用"日常可达性""潜力值""加权平均时间"等指标,分析了高铁开通对京沪地区中心城市可达性的影响。孟德友和陆玉麒(2011)发现中国"四纵四横"高铁网络建设利于协调省内地区间和省际地区间的经济联系与合作。冯长春等(2013)研究了我国 2012 年和 2015 年省际可达性及空间格局,发现随着高铁开通,中国省际可达性空间中心—外围模式呈现出均衡化分布。斯瓦等(Shaw et al. , 2014)通过对比分析中国高铁的旅行时间、旅行成本和距离可达性,证明高铁开通提高了城市间可达性。韩旭(2016)研究发现高铁开通显著改善了城市可达性,使城市间经济联系更加密切,但是高铁对不同发展水平的城市和区域有差异化影响。

其次,关于城市集群、产业布局与区域经济发展的相关研究。陈春阳等(2005)认为高运能的高铁建设提高了旅客运输效率,建立模型分析了高铁对区域产业发展的促进作用。罗平(2007)构建空间引力模型,并以产业分工为理论依据分析客运专线对沿线城市的影响。伍业春(2009)在分析高铁影响城市发展的作用机理的基础上,研究了高铁建设对城市对外扩张效应和城市规模结构产生的影响,并提出政策建议。殷广卫(2011)通过比较我国高铁与发达国家之间的差异,从理论上证明了高铁对城市发展具有促进作用。张俊(2017)基于卫星灯光数据,考察了高铁开通对高铁县经济发展带来的影响,发现高铁开通显著促进了高铁开通的县级市经济增长,约为 34.64%,并且固定资产投资增加了37%。但是,对高铁县产业结构未产生显著影响。刘勇和李岩(2017)运用2000—2013 年 280 个地级市的面板数据,实证检验了高铁开通对城市经济增长的影响,并着重探讨了高铁开通的时滞效应、空间溢出效应和内生性问题,发现高铁建设不仅带动了本地的经济增长,同时促进了相邻城市的经济增长。平均而言,高铁开通城市相比于未开通高铁城市,年平均经济增长速度为 2.7%。同样,高铁开通城市的相邻城市相比于未开通高铁城市的年平均经济增长速度高出 2 个百分点。此外,高铁开通促进了城市产业结构调整、加速了城镇化进程。邓涛涛等(2017)指出时间距离逐渐取代传统的空间距离成为影响服务业布局的关键因素。利用 2006—2015 年长三角城市群统计数据和列车实际运营数据,分析了高铁引致的"时空收敛"效应,定量分析了长三角高铁由线成网推进对城市服务业集聚的影响。研究发现高铁开通初期(2007—2011 年)未对沿线城市服务业集聚产生显著影响。自 2012 年以后,随着高铁网络的日益完善,高铁开通对服务业集聚呈现出明显的促进作用,并且该促进作用呈现出增加趋势。秦雨(Qin,2017)以中国铁路提速为准自然实验,发现铁路提速改善了节点城市间的旅客获得快速列车服务的渠道,但是却使得外围县级城市获得这种服务的渠道受损。通过应用双重差分模型分析发现 2007 年高铁提速后会导致铁路提速所经过的县级城市 GDP 和人均 GDP 下降 4%~5%,表明城市间交通成本下降可能使经济活动由外围县向中心城市集中。俞峰等(Yu et al.,2019)利用 1999—2013 年中国地级市数据,通过细分中心城市和外围城市,考察高铁对当地经济发展的影响及其影响机制。实证结果表明,高铁负向影响外围城市的人均 GDP 的增长。机制研究发现高铁对外围城市 GDP 的负向影响主要源自高铁建设促进了中心城市对外围城市人均固定资产投资、人均财政支出、人均教育投资和人均的外商直接投资的虹吸效应。卞元超等(2018)在对当前中国高铁开通背景下区域经济增长格局的经验事实进行分析的基础上,以是否开通高铁作为一项准自然实验,采用中国 2004—2014 年 287 个地级市的数据,考察了高铁开通对区域经济的影响。结果显示,高铁开通通过加快区域间要素流动显著促进了省会城市的经济发展,拉大了省会城市与非省会城市之间的经济差距。邓涛涛等(2018)采用双重差分方法,以 2007—2015 年中国地级城市面板数据为研究样本,实证检验中国高铁建设与城市蔓延的因果效应。研究发现高铁已成为诱发中国城市蔓延现象的重要因素。逐年检验的结果显示,随着中国高铁的不断推进,由高铁导致的城市蔓延现象呈现出阶段性特征。

最后,关于高铁调整区域空间结构的相关研究。孙健韬(2012)定量分析了武广高铁开通后对沿线地区经济发展的影响,发现了高铁对沿线城市城市化率的虹吸效应,即高铁开通后沿线地区内大城市城市化率稳步提升,但是中小城市的城市化率出现下降。从产业结构层面进行细分发现,高铁开通主要促进了大城市第三产业的快速发展,使其产业结构进一步优化;主要促进了中小城市第二产业的快速发展,使其工业化水平得到提升。同样,张汉斌(2010)认为高铁可以改善高铁沿线所在区域经济的空间结构,促进区域经济快速发展。此外,郗亚丽(2012)利用引力模型研究发现高铁将加速都市圈同城效应。赵庆国(2013)分析高铁缩小中国区域间经济差距的机理,认为高铁为区域经济发展提供高效的运输支撑,高铁开通引致的时空压缩显著增强区域市场一体化,造就了高铁沿线区域经济走廊和经济带。

以上有关国内外对高铁经济效应评估的研究为本书探究中国高铁对企业出口的影响奠定了重要的分析基础和提供了研究启示。

(三) 高铁经济效应的内在机制

交通基础设施的改善能降低货物和人员流动成本,为生产要素在空间流动提供便利的通道。大量研究表明高铁作为客运专线能够促进人员流动,加强企业间联系、促进人员迁移和就业。伯纳德(Bernard et al., 2019)在分析950 000多家日本企业之后发现,企业所需的一部分投入要素是外包给其他企业生产的,企业规模越大、生产效率越高,其所拥有的要素供应者便越多;地理因素对于要素供给企业和要素需求企业的匹配十分重要,大多数供求匹配都局限在当地及周边30公里范围,并且企业规模越大,要素供给企业便离得越远。基于上述特征事实,作者进一步构建了一个简单模型对高铁经济效应的内在机制进行分析。模型中,处于生产下游的企业需要大量要素投入,诸如中间品等。企业可以选择自己生产这些投入要素,也可以选择外包给其他企业。如果企业选择后者,则需要花费一定成本来搜寻能够提供这类要素的企业并与之进行交易谈判。通常外包比自己生产成本更低,但考虑到搜寻与交易成本之后,需要权衡比较两者成本的优劣。在均衡状态下,更有效率的企业往往搜寻范围更广,可以实现更优的要素外包,并最终获得更好的生产绩效;同时,如果贸易成本或搜寻成本下降,企业可以在更广的范围内搜寻外包企业并达成更有效率的外包交易,因此企业的生产绩效也会得到提升,而且这一影响对要素密集型企业更为明显。事实上,在搜寻成本和交易成本更低的地方,整体企业绩效也往往更好。通过对比分析九州新干线竣工前后、靠近和远离新干线车站的企业,以及要素密集型企业和非要素密集型企业,作者发现要素密集型且靠近新干线车站的企业在九州新干线运营后,生产绩效得到显著提升。新干线运客不运货,这意味着企业绩效提升不是由于货运成本下降,而是由于人员流动方便、搜寻要素供给企业并与之进行交易谈判更为方便所致。沙尔诺(Charnoz et al.,2018)记录了旅行时间对总部和子公司之间商业活动的影响,利用高铁作为外生冲击对法国企业集团的人口数量进行预测,发现子公司从到总部的旅行时间下降中获益,其中,子公司制造业和商业服务行业的生产劳动成本下降一半。霍尔曼和驰米德(Heuermann and Schmieder,2018)利用高铁开通作为准自然实验,研究通勤时间的下降对德国工人工作地和居住地选择的影响。他们研究发现高铁修建减少旅行时间提高人员流动,使得工人到小城市工作,然后居住在大城市。高铁的优势主要集中在中短距离,具体作用范围为 150~400 公里。但是,他们发现高铁开通对货物运输没有影响。与之不同,孙培愿(2012)通过测算武广高铁开通使既有线货运能力的增长(约 2012 万吨),说明高铁能促使铁路货运能力大幅提升,带动沿线经济的快速发展,使现代物流趋于合理和高效。此外,董晓芳等(Dong et al.,2018)将高铁开通作为准自然实验,发现高铁开通有利于两个城市之间学者的交流,研究人员论文发表的数量和质量都有显著的提高。进一步,将学者所在学科划分为自然学科学和社会科学,发现高铁对社会科学的学者影响更大。俞峰等(Yu et al.,2019)将高铁开通作为准自然实验,考察高铁开通是否给中小城市带来经济增长。作者构建"最小生成树"作为工具变量,发现高铁开通负向影响中小城市人均 GDP。机制研究发现高铁使得中小城市的资本投入和工业产出下降,高技能劳动者流入大城市。

总的来看,高铁作为一种新型的交通运输方式,在一定程度上弥补了现有交通运输方式的不足,增加了人们的出行选择,带动区域间人员、物流、信息流和资金流的流动。高铁可能通过影响劳动力流动、加强企业间关联、释放货运运能等机制发挥经济效应,提高了区域福利。本书第三章将进一步从理论层面分析高铁对企业出口的影响机理。

第二节　高铁与贸易成本的相关研究

一、贸易成本的概念

广义的贸易成本(Trade Cost),是指在贸易过程中所支付的、除了对商品进行生产的边际成本之外的所有成本,包括信息交流、合同谈判、货物运输、政策壁垒(关税壁垒和非关税壁垒)等多个方面成本。贸易成本就像物理学中的摩擦力,普遍存在,并且在整个国际贸易理论体系,特别是新新贸易理论中,居于核心地位。哈梅尔(Hummel,1999)认为任何涉及国际专业化和贸易模型的相关研究最终都面对贸易成本,忽略贸易成本,研究将失去基石;安德森和温库普(Anderson and Wincoop,2004)更是将贸易成本视为打开所有宏观经济学之谜的钥匙。因此,有关贸易成本的研究也是贸易学领域一直以来研究的热点问题。然而,鉴于贸易成本的复杂性,有关贸易成本的研究面临着两个棘手的问题:(1)贸易成本泛指整个贸易过程各类成本,其自身构成复杂;(2)贸易成本作为中间变量因素受到以贸易措施为代表的政策因素和以生产技术为代表的自然因素的多重影响。

首先,贸易成本构成复杂。既往有大量文献对贸易成本进行测定。安德森和温库普(Anderson and Wincoop,2004)通过测算发现发达国家的贸易成本近似地等于制造业产品平均价格的170%,包括了74%的国际成本和55%的国内成本。其中,国际成本包含了44%的与边界效应有关的成本和21%的运输成本。在边界效应中,关税及非关税壁垒因素仅占8%,语言因素占7%,货币差异因素占14%,包括信息成本在内的其他成本因素占9%。与发达国家相比,发展中国家的贸易成本更高。可见,贸易成本是一个综合体系,全面地衡量贸易成本仍存在一定困难。钱尼(Chaney,2008)将贸易成本拆分为固定贸易成本和可变贸易成本,研究了两类贸易成本对出口二元边际的影响。在钱尼(Chaney,2008)的研究中,部门 h 生产率为 φ 的企业将在 i 国生产的 q 单位的

产品出口到 j 国所需要的成本,用公式表示为:

$$c_{ij}^{h}(c_1) = \frac{\omega_i \tau_{ij}^{h}}{\varphi}q + f_{ij}^{h} \tag{2-1}$$

其中,q 表示产品数量,$\frac{\omega_i}{\varphi}$ 表示成本加成,τ_{ij}^{h} 代表贸易壁垒中的可变贸易成本,f_{ij}^{h} 代表贸易壁垒中的固定贸易成本。

根据式(2-1),我们可以发现,贸易成本可以分为固定贸易成本和可变贸易成本两部分。固定贸易成本是指产品在出口过程中所有不随产品数量变动而变动的成本,比如进口国市场进入成本、信息交流成本、在进口国当地设立营销机构的成本以及设立售后服务的成本等,在式(2-1)中用 f_{ij}^{h} 表示。可变贸易成本是指产品在出口过程中随产品数量变动而变动的成本,比如从量关税、货物运输成本等,在式(2-1)中用 τ_{ij}^{h} 表示。本书参照钱尼(Chaney,2008),将贸易成本拆分为固定贸易成本和可变贸易成本。高铁对贸易成本的影响既可能直接通过改变面对面的信息交流成本、市场进入成本等降低固定贸易成本,又可能间接地通过释放普通铁路及公路货运运能降低可变贸易成本。

其次,贸易成本变动测量困难。贸易成本的变动较为复杂,但是整体而言,随着运输工具的改进、贸易一体化水平的加深等,贸易成本呈现下降的趋势。贸易成本变动可从两个方向来衡量,第一种情况为衡量贸易成本随时间变动的情况,第二种情况为某一事件的发生或持续发生,引致贸易成本在该事件前后发生的变动。既往对贸易成本的测度中,所有方法衡量都是基于对贸易成本随时间变动的情况进行。如安德森和温库普(Anderson and Wincoop,2004)采用直接与间接度量相结合的方法,构建了美国从价贸易成本[①]的度量方法。希考克斯和卡斯特(Hiscox and Kaster,2008)使用引力模型测度贸易成本。庞弗雷特和苏尔丹(Pomfret and Sourdin,2010)利用贸易中的 CIF/FOB 价格计算了

---

① 贸易成本中的运输费用使用从价法计算。

贸易成本,但由于数据所限,仅对 5 个国家的相关指标进行了计算。另外,努伟(Novy,2013)构建了具有微观基础的一个均值,解决了直接引力模型估算存在的度量特定贸易成本(国家边界是否相邻、距离因素、语言差异等)以及度量多边阻力的困难。米尔纳和麦高文(Milner and McGowan,2013)借鉴努伟(Novy,2013)的方法计算了 37 个国家的贸易成本,许统生和梁肖(2016)则使用努伟(Novy,2013)的方法对中国的加总贸易成本进行了测度。虽然努伟(Novy,2013)对贸易成本的测度方法被更多地认可和采用,但根据其计算公式 $\tau_{ij} = (x_{ii}x_{jj}/x_{ij}x_{ji})^{1/2(\sigma-1)} - 1$($\tau_{ij}$ 为 i 与 j 国的双边贸易成本,x_{ii} 为中国的国内贸易),该方法只能测度国家间双向加总的贸易成本,不能测度单向的贸易成本,这是其难以解决的一个问题。而研究某一事件的发生对贸易成本带来变动的学者主要是杜特等(Dutt et al.,2013)。杜特等(Dutt et al.,2013)重点论证了一国加入 WTO/GATT 对出口二元边际的影响,发现加入 WTO/GATT 显著促进了出口产品的扩展边际,但是对出口产品的集约边际产生负向影响。进一步,机制分析发现加入 WTO 主要通过降低一国的固定贸易成本对出口产生影响,但是对该国的可变贸易成本未显示出显著的作用。杜特等(Dutt et al.,2013)从加入 WTO/GATT 对一国出口扩展边际和集约边际影响实证结果入手,反推出一国加入 WTO/GATT 引致了该国固定贸易成本的下降,这是对贸易成本变动的第二种情况的刻画。

本书借鉴了杜特等(Dutt et al.,2013)的研究思路与方法,着重刻画的贸易成本的变动应属第二种情况,即中国修建高铁这一事件的发生引致中国出口的贸易成本如何变动。略微的差异是,相对于一国加入 WTO/GATT,中国修建高铁是一个持续发生的事件。

二、贸易成本的测算

(一) 传统的测算方法

传统贸易模型忽视了贸易成本对贸易的重要影响,认为即使考虑贸易成本,也不会对研究结果产生实质性的差别。贝伦斯等(Behrens et al.,2007)对传统贸易理论模型中忽视贸易成本的原因进行了分析:(1)传统贸易理论中主要关注了关税和类似关税壁垒等贸易中的可见成本,而上述成本由国家贸易政策决定,是一个内生决策过程。关税数据对于大多数国家而言是公开的和可获取的,这使得经验研究变得容易进行。相反,贸易成本中的其他因素,如货物运输成本的数据需要耗费大量的时间和精力,甚至其他相关的数据可能根本无法获取。数据的难以获得性直接限制了对贸易成本的深入探究。(2)传统贸易理论建立在完全竞争假设的基础上。由于贸易成本的存在会引起均衡的不确定性问题,因此很难被纳入完全竞争的框架之中进行研究。而当不完全竞争模型产生以后,大多数研究认为贸易成本的不同组成部分可以简约为单一参数进行检验。

然而,贸易成本在测度和模型研究上存在的困难并不能掩盖贸易成本在贸易中的重要性。国际贸易中有一个特征事实是随着距离的增加,贸易量在减少。随着交通运输方式的改善,货物运输成本的下降大大降低了贸易成本,促进了贸易的增长(Estevadeordal,2002)。随着人们对贸易成本的关注度逐渐提高,诸多学者探索了一系列测度贸易成本的方法,然而在实际测量过程中又因为贸易成本构成的复杂性而面临困境。当前贸易成本的测算方法主要有:利用距离直接衡量运输成本、用贸易自由度等作为替代指标、观察贸易量来推导贸易成本。

1. 利用距离等指标衡量贸易成本

为了便于计算,有些学者在实证分析中往往将两国首都的距离作为贸易成本代理指标。实际上,笼统地将距离作为贸易成本存在较大的问题。对于特定国家或区域,虽然运输成本与地理距离之间存在相关关系,但这种相关关系并不具备一般性。距离存在着地理距离和"有效距离"之分。对于境内没有较大的天然屏障、交通运输网络高效运行的国家而言,运输成本与地理距离之间存在着显著的相关关系,利用距离直接作为贸易成本产生的偏差较低。但是对于一些发展中国家,尤其是内陆国家,利马奥和维纳布尔(Limao and Venables,

2001)发现交通基础设施的规模和质量对货物运输成本存在很大的影响,此时以距离作为贸易成本的代理指标将产生较大偏差。针对上述问题,有些学者加入国家边界是否接壤、共同语言等虚拟变量,作为贸易成本的指代变量。引入国家边界是否接壤,意味着引入了地理距离对贸易成本的非线性影响。麦卡勒姆(McCallum,1995)在距离有关的变量组合中加入国家边界是否接壤变量,并检验 1955 年加拿大各省与美国各州的贸易量。贸易量不越过加美边界时接壤变量为 1,否则为 0。对接壤变量影响贸易量所作的计量估计,为著名的边界效应提供了代理指标。麦卡勒姆(McCallum,1995)得到的接壤变量值接近 20,这意味着,当规模与距离相同时,加拿大省与省之间的贸易量比加拿大一个省份与美国一个州之间贸易量高出 20 倍。可见,距离对贸易具有很强的影响,尽管距离衡量贸易成本会存在偏差,但很多研究中使用距离替代贸易成本仍具有较好的解释力和较高的拟合度。

2. 用替代指标衡量贸易成本

由于贸易成本的不可获性,用距离等作为代理指标有时又存在较大的偏差,因此在实证检验的过程中,部分学者选用贸易自由度等替代指标衡量贸易成本。赫德和梅耶(Head and Mayer,2004)认为可以用贸易自由度作为贸易成本的代理指标,如下所示:

$$\phi_{ij} = \tau_{ij}^{1-\sigma} \tag{2-2}$$

其中 $\sigma > 1$,表示贸易自由度与贸易成本之间是负向相关关系。在实际运用中,估计贸易自由度对数据的要求很高,利用可得的数据无法进行,赫德和梅耶(Head and Mayer,2004)提出以下两个假设,便于衡量双边自由度:假设 1,两国的贸易成本是对称的,即 $\theta_{ij} = \theta_{ji}$;假设 2,国内贸易成本为零,即 $\theta_{ii} = 0$,$\theta_{jj} = 1$。在这样贸易成本对称和无摩擦的国内贸易的假设下,他们认为贸易自由度可以通过下面公式计算:

$$\theta_{ij} = \sqrt{\frac{E_{ij}E_{ji}}{E_{ii}E_{jj}}} \qquad (2-3)$$

其中 θ_{ij} 表示双边贸易自由度指数，E_{ij} 表示国家 i 向国家 j 的出口额，E_{ji} 表示国家 j 向国家 i 的出口额，E_{ii} 和 E_{jj} 表示国家 i 和 j 的国内贸易量。利用式（2-3）衡量国家贸易自由度指数时，θ_{ij} 的估计值在区间［0，1］，取值为 0 表示禁止性贸易，取值为 1 表示完全自由贸易。此外式（2-3）仅表示贸易自由度与总贸易成本之间的等价关系，前沿研究还要求将贸易成本细分为固定成本与交易成本。坎奇（Kancs，2007）将贸易自由度与固定成本和交易成本间的关系用下式表示：

$$\theta_{ij} = \tau_{ij}^{-\gamma}FC_{ij}^{1-\frac{\gamma}{\sigma-1}} \qquad (2-4)$$

式（2-4）建立了固定成本、交易成本与贸易自由度之间的关系。利用式（2-3）和式（2-4）可以计算贸易自由度。在实际运用中，可以将贸易自由度作为出口成本的代理指标，在替代弹性合理假设的基础上，能得出与特定贸易自由度相对应的贸易成本，以及将贸易成本细分为固定成本和交易成本。

汤姆彼和朱晓东（Tombe and Zhu，2019）采用 Head-Ries 指数（Head and Ries，2001；Novy，2013）刻画贸易成本，地区 n 向地区 i 进行货物贸易的贸易成本为：

$$\overline{\tau}_{ni}^{j} = \sqrt{\tau_{ni}^{j}\tau_{in}^{j}} = \left(\frac{\tau_{nn}^{j}\tau_{ii}^{j}}{\tau_{ni}^{j}\tau_{in}^{j}}\right)^{\frac{1}{2\theta}} \qquad (2-5)$$

其中，τ_{ni}^{j} 表示 i 地生产销向 n 地区的 j 部门的份额（贸易比重），主要有 τ_{ni}^{j} 的数据，就可以估计得到 $\overline{\tau}_{ni}^{j}$。参数 θ 的含义同上，即生产率分布（反映贸易量对贸易成本的弹性大小）。这一指标的优势主要体现在：$\overline{\tau}_{ni}^{j}$ 不会受到第三方贸易量的影响。举个例子，如果地区 i 与地区 k 之间的贸易往来因为两地之间贸易成本的显著减少而有了大幅增加，那么地区 i 与地区 n 之间的贸易将同等比例地降低，所估计的地区 i 和地区 n 之间的贸易成本是不变的，这一结果也不会受贸易逆差/顺差的影响。但是,这样估计的两地间贸易成本是对称的,而沃尔(Waugh,2010)的研究认为贸易成本与贸易方向有密切关系。因此,汤姆彼和朱晓东(Tombe and Zhu,2019)的研究中借鉴参考汤姆彼(Tombe,2015)的方法对指标进行了调整,采用标准的引力模型从固定贸易成本中推断非对称的贸易成本。根据他们的分析,越不发达地区所面临的贸易成本越高,这一结论与既有的国别层面的研究结论是一致的。出口成本在2002—2007年间变化也较小。

将出口贸易成本与 Head-Ries 指数 $\bar{\tau}_{ni}^{j}$ 相结合后得到 τ_{ni}^{j},估计值表示为 $\hat{\tau}_{ni}^{j}$。研究发现,中国国内贸易成本有显著降低的趋势,与贸易加权后的中国国内贸易成本 $\bar{\hat{\tau}}_{ni}^{ag} = 0.87$ 和 $\bar{\hat{\tau}}_{ni}^{na} = 0.89$ 相比,国内贸易和对外贸易的平均贸易成本变化分别为 $\bar{\hat{\tau}}_{ni}^{ag} = 0.77$ 和 $\bar{\hat{\tau}}_{ni}^{na} = 0.92$。

将由地区间地理距离所致的贸易成本 $\bar{\tau}_{ni}^{j} = \tau_{ni}^{j} \sqrt{\tau_{ni}^{j} \tau_{in}^{j}}$ 从中分离出来:

$$\ln(\bar{\tau}_{ni}^{j}) = d\ln(d_{ni}) + l_{n}^{j} + h_{i}^{j} + e_{ni}^{j} \qquad (2-6)$$

其中,d_{ni} 表示地区 n 和地区 i 之间的地理距离,l_{n}^{j} 和 h_{i}^{j} 分别表示进口和出口的固定效应。2002年的估计结果,$\hat{d}^{ag} = 0.51$,$\hat{d}^{na} = 0.38$,2007年时弹性分别降至0.40和0.36,这意味着距离对贸易成本的影响是变小的。汤姆彼和朱晓东(Tombe and Zhu,2019)分析认为这可能是由于中国国内交通基础设施的不断推进造成的。如果控制了其他所有因素不变,地区 n 和地区 i 之间相对贸易成本变化为 $\bar{\hat{\tau}}_{ni}^{na} = d_{ni}^{-0.11}$ 和 $\bar{\hat{\tau}}_{ni}^{na} = d_{ni}^{-0.02}$。尽管这只是粗略的估计,但这一结果表明对非农业部门的贸易成本几乎都是源于相对于距离的贸易成本的降低。

3. 基于引力模型间接衡量贸易成本

既往多个研究利用引力模型,采用多种代理指标对信息交流成本进行估算,包括语言因素(Rauch,1999)、民族文化(Rauch and Trindade,2002)、网络普及(Freund and Weinhold,2004)、电话交流(Fink et al.,2005)等。鉴于贸易量是贸易成本的作用结果,理论上贸易成本的信息应隐含在贸易量中,因此可以通过贸易量采用倒推的方法衡量贸易成本。根据安德森和温库普(Anderson and Wincoop,2004)改进的引力模型,i 国向 j 国出口流量可以表示成经济规模、双边贸易成本以及第三国贸易成本的函数,如下所示:

$$x_{ij} = \frac{y_i y_j}{y^w} \left(\frac{t_{ij}}{\Pi_i P_j} \right)^{1-\sigma} \tag{2-7}$$

其中,x_{ij} 表示两国之间的贸易流量,$\Pi_i P_j$ 分别表示多边阻碍因素,即世界平均的贸易成本,y^w 表示世界总产出,t_{ij} 表示双边贸易成本(等于 1 加上关税等价),σ 表示替代弹性。其中 $\Pi_i P_j$ 无法获取,替代弹性可以假定特定值,其余变量可以直接获得,所以为了实证分析需要通过转换消除掉 $\Pi_i P_j$。具体如下,对 i 国,其国内贸易量 x_{ii} 的引力模型等式为:

$$x_{ii} = \frac{y_i y_i}{y^w} \left(\frac{t_{ii}}{\Pi_i P_j} \right)^{1-\sigma} \tag{2-8}$$

通过将国家双向的贸易流量与两国国内贸易流量相除,消除掉 $\Pi_i P_j$,从而得到:

$$\frac{x_{ij} x_{ji}}{x_{ii} x_{jj}} = \left(\frac{t_{ij} t_{ji}}{t_{ii} t_{jj}} \right)^{1-\sigma} \tag{2-9}$$

式(2-9)右边包括双边的贸易成本与国内贸易成本之比,表示双边贸易成本超过国内贸易成本的程度。将两类贸易成本之比取平方根并减去 1,可以得出基于改进的引力模型的贸易成本 τ_{ij} 的计算公式:

$$\tau_{ij} = \left(\frac{t_{ij} t_{ji}}{t_{ii} t_{jj}} \right)^{\frac{1}{2}} - 1 = \left(\frac{x_{ii} x_{jj}}{x_{ij} x_{ji}} \right)^{\frac{1}{2(\sigma-1)}} - 1 \tag{2-10}$$

事实上,τ_{ij} 是贸易成本的相对值,表示国际贸易成本相对于国内贸易成本的关税等价。贸易成本作为一个体系应在流量中反应,从贸易量采用倒推法计算贸易成本,避免了加总各类贸易成本出现的遗漏或无法量化的问题。

4. 人员信息交流成本衡量贸易成本

上述事实表明,虽然货物的运输成本已经大幅下降,但实际中并非所有的贸易运输都采用了最便宜的运输方式,并且绝大多数贸易仍然为短距离间贸易,提示运输成本的下降并没有解决远距离贸易的问题。运输成本本身在贸易中可能并非最主要的因素,而地理位置毗邻存在相比于运输成本下降更大的促进贸易优势。由于地理空间上经济活动具有集聚性特点,贸易中信息交流可能起了重要作用。既往有关贸易的研究文献基本上集中对货物运输成本的评估,越来越多的研究表明人员之间面对面交流在贸易中起了越来越重要的作用。

虽然人员运输具有一定的成本,但是人与人之间面对面的交流利于信息资本的积累。针对 2 300 名《哈佛商业评论》的订阅用户的调查显示,国际会议上面对面交流对建立长期合作(95%)、商务谈判(89%)、发现新客户(79%)、了解消费者偏好(69%)都至关重要。同样,来自牛津经济研究院的一项类似报告强调了商业旅行投资对公司绩效的作用,提示人的流通和交流为贸易成本的重要组成部分。再如,斯茂和范霍夫(Small and Verhoef,2007)把人的通勤时间折算成工作,其大约占劳动价值的 3.5%。类似地,谢弗(Schafer,2000)对 26 个国家的家庭旅行情况进行调查,发现一个人平均每天的通勤时间是 73 分钟。同样如果我们把通勤时间用一半的工资来折算,大概占劳动价值的 8%。克里斯泰亚(Cristea,2011)认为国际贸易越来越依赖通过面对面沟通实现复杂信息的传播。他使用美国国家层面飞机商务舱的旅行数据作为面对面交流的代理指标,研究面对面商务会议对美国出口贸易的影响。研究发现,商务舱的需求直接与贸易的量和贸易的结构有关。其中,研发密集型行业和合同约束型的商品受面对面交流的影响更大。尽管贸易伙伴之间的相互交流会产生固定贸易成本,但是它们能够产生关系资本,会增加双边贸易。普尔(Poole,2013)使用美国国际航班商务出境的调查数据,研究发现国际商务旅行有助于克服国际贸易中的信息不对称,提高美国出口的集约边际和广延边际。这个效果对于非英语母国的国家和差异化或技术密集型产品更加明显。斯塔兹(Startz,2016)利用尼日利亚的进出口交易数据,将信息搜索问题和带有道德风险的重复博弈嵌入垄断竞争性贸易框架。研究发现,在没有摩擦的情况下,进口消费品福利将高达29%,信息搜索和合同承诺代表的贸易壁垒远远超越运输和关税导致的福利损失。在反事实的情况下,表明尼日利亚和中国的航空放松管制导致面对面交流的增加,将为尼日利亚带来每年6.5亿美元的订单。

(二) 市场准入测算方法

唐纳森和霍恩贝克(Donaldson and Hornbeck,2016)首次提出了市场准入方法用来测算一国内部的贸易成本,并衡量了美国1880—2002年农业部门内部经济整合带来的收益,为研究基础设施建设通过改变贸易成本对地区福利产生影响提供了很好的理论模型和实证方法依据。本书参考唐纳森和霍恩贝克(Donaldson and Hornbeck,2016)提出的市场准入的概念测算一国内部的贸易成本。本书使用的市场准入指的是一个城市与其他城市之间贸易往来的难易度。在一般均衡模型中,一个城市的市场准入由该城市与其他城市的贸易成本、其他城市的人口以及其他各城市的市场准入决定。高铁的修建,不管是在本城市还是在其他城市,无疑都会影响本城市的市场准入。因此,市场准入能够较为完整地捕捉到高铁网络发展的直接和间接效应。本书中,市场准入变量的构造主要参照林娅堂(Lin,2017)的研究,用某城市与其他各城市之间的双边旅行成本与其他城市的平均GDP进行反向加权得到①。如式(2-11)所示:

$$MA_k = \sum_{j=1}^{N} \tau_{kj}^{-\theta} X_j \qquad (2-11)$$

其中,τ_{kj}是城市k与城市j之间的旅行成本,X_j是城市j的GDP。交通基础设施的建设,如高铁、高速公路会导致τ_{kj}减少。市场准入中τ_{kj}的计算需要构造随着时间变化的交通成本矩阵。由于普通道路、高速公路和高铁分别有

---

① 稳健性检验中,本书也采用了其他城市的平均人口进行反向加权。

不同的票价和时间成本,本书中我们同时考虑了交通时间和交通票价对交通成本的影响。式中 θ 参数,我们借鉴了伊顿和科图姆(Eaton and Kortum,2002)(估计 θ 为 3.60 和 12.86)以及唐纳森和霍恩贝克(Donaldson and Hornbeck,2016)(估计 θ 为 3.80)的估计结果[①]。其中,以唐纳森和霍恩贝克(Donaldson and Hornbeck,2016)的估计为基准,伊顿和科图姆(Eaton and Kortum,2002)的估计作为稳健性检验。

计算市场准入的核心为城市间交通成本(τ_{kj}),本书既包含对时间价值维度的考察,也包含所需金钱花费维度的考察,并且随逐年新建的交通基础设施建设而变化。因此,为了构建这一矩阵,本书结合已有相关研究作出以下假设。

假设 2.1:参照郑思齐和卡恩(Zheng and Kahn,2013)的计算方法,城市间道路距离等于城市间直线距离的 1.2 倍(城市间直线距离利用各城市的经纬度坐标数据,运用 Arc - GIS 软件计算得到)。

假设 2.2:为了识别高铁对出行时间和出行费用的影响,需要先对运输成本进行计算(表 2 - 2),然后对运行速度和所需费用进行标准化设定,高铁的速度为 250 公里/小时,所需费用为 0.43 元/公里。

假设 2.3:时间和费用是在决策选择哪种交通方式时需要权衡的两个关键变量。这一点也是本书在构建动态交通成本矩阵时需要考虑的。为了反映开通高铁带来的城市间交通往来时间价值的节约,需要对时间价值进行核算。一般认为,高收入群体往往对时间更加看重,也就更愿意支付高昂的车费,由此可以推知"工资"在关于时间和车费的决策过程中有重要作用。所以,在测度时间的价值时,本书把两个城市的平均工资作为时间的单位价值。为了避免其他内生性问题,计算时采用 2007 年的工资数据,也就是高铁开通前一年的情况。此

[①] 在其他的一些例子中,如卡里恩多和帕罗(Caliendo and Parro,2015)估计了 20 个行业的平均 θ 是 8.64,科斯蒂诺等(Costinot et al.,2012)估计 θ 是 6.53;西蒙诺夫斯卡和沃尔(Simonovska and Waugh,2014)估计结果 θ 是 4.10;在赫德和梅耶(Head and Mayer,2014)系统综述中,评估了所有作者的 θ,其中均值是 6.74,中位数是 5.03。

表2-2 高铁网络服务和票价信息

名称	途经地级市	里程(公里)	运行频次(列/天)	运行速度(公里/小时)	票价(元)	运行时间	单位均价(元/公里)
秦沈客运专线	秦皇岛、葫芦岛、锦州、盘锦、沈阳	404	36	250	125	2小时24分	0.31
宁蓉铁路合宁段：合肥—南京	南京、巢湖、合肥	154	79	250	60.5	58分	0.39
京津城际铁路	北京、天津	120	132	350	54.5	34分	0.45
胶济客运专线	济南、淄博、潍坊、青岛	393	42	250	116.5	2小时21分	0.30
石太客运专线	石家庄、阳泉、晋中、太原	190	26	250	68	1小时22分	0.36
宁蓉铁路合武段：合肥—武汉	合肥、六安、黄冈、武汉	351	51	250	108	2小时	0.31
达州—成都	达州、南充、遂宁、德阳、成都	148	9	200	111	2小时45分	0.75
宁波—台州—温州	宁波、台州、温州	268	61	250	96	1小时40分	0.36
温州—福州	温州、宁德、福州	298	35	250	104	1小时53分	0.35
京广高铁武广段：武汉—广州	武汉、咸宁、岳阳、长沙、株洲、衡阳、郴州、韶关、清远、广州	968	60	350	463.5	3小时40分	0.48
郑西高铁	郑州、洛阳、三门峡、渭南、西安	455	56	350	229	1小时50分	0.50
福州—厦门	福州、莆田、泉州、厦门	275	86	250	79	1小时18分	0.29
成都—都江堰	成都	65	9	220	15	29分	0.23
沪宁高速铁路	上海、苏州、无锡、常州、镇江、南京	301	178	350	134.5	1小时0分7秒	0.45

续表

名称	途经地级市	里程(公里)	运行频次(列/天)	运行速度(公里/小时)	票价(元)	运行时间	单位均价(元/公里)
昌九城际铁路	南昌、九江	131	15	250	42	55分	0.32
沪杭高速铁路	上海、嘉兴、杭州	150	110	350	73	45分	0.49
宜昌—万州	宜昌、恩施、万州	377	16	200	162	4小时47分	0.43
海口—三亚(东环线)	海口、三亚	308	48	250	100	1小时26分	0.32
长吉城际铁路	长春、吉林	111	61	250	31.5	40分	0.28
江门—新会	江门	27	19	200	10	7秒	0.37
京沪高速铁路	北京、廊坊、天津、沧州、德州、济南、泰安、济宁、枣庄、徐州、宿州、蚌埠、滁州、南京、镇江、常州、无锡、苏州、上海	1433	36	350	553	4小时49分	0.39
广州—深圳	广州、东莞、深圳	116	187	350	74.5	29分	0.64
龙岩—厦门	龙岩、漳州、厦门	171	26	200	48.5	58分	0.28
汉宜高铁：汉口—宜昌	武汉、孝感、荆州、宜昌	293	66	200	84.5	1小时42分	0.29
京广高铁郑武段：郑州—武汉	郑州、许昌、漯河、驻马店、信阳、孝感、武汉	536	75	350	244	1小时44分	0.46
合蚌客运专线	合肥、淮南、蚌埠	132	22	350	60.5	45分	0.46
哈大高速铁路	大连、营口、鞍山、辽阳、沈阳、铁岭、四平、长春、松原、哈尔滨	921	18	350	403.5	3小时35分	0.44

续表

名称	途经地级市	里程（公里）	运行频次（列/天）	运行速度（公里/小时）	票价（元）	运行时间	单位均价（元/公里）
京广高铁京郑段：北京—郑州	北京,保定,石家庄,邢台,邯郸,安阳,鹤壁,新乡,郑州	693	52	350	309	2小时27分	0.45
宁杭高速铁路：南京—杭州	南京,镇江,常州,无锡,湖州,杭州	249	89	350	117.5	1小时0分7秒	0.47
杭甬高铁：杭州—宁波	杭州,绍兴,宁波	149	62	350	71	48分	0.48
盘营高速铁路	盘锦,锦州,鞍山,营口	89	5	350	41	26分	0.46
津秦高速铁路	天津,唐山,秦皇岛	261	38	350	120	1小时0分4秒	0.46
厦深高速铁路	厦门,漳州,潮州,汕头,揭阳,汕尾,惠州,深圳	502	42	200	180	3小时34分	0.36
西宝客运专线	西安,咸阳,宝鸡	148	3	350	51.5	1小时	0.35
南宁—钦州 北海（广西沿海）	南宁,钦州,北海,防城港	261	6	250	43	1小时0分3秒	0.16
柳南城际铁路	柳州,来宾,南宁	223	38	250	62	1小时16分	0.28
武咸城际铁路：武汉—咸宁	武汉,咸宁	90	53	250	39.5	24分	0.44
大西客运专线：太原—西安	太原,晋中,临汾,运城,渭南,西安	678	19	250	178.5	3小时	0.26
武汉—黄冈	武汉,黄冈	47	15	200	22	24分	0.47
武汉—黄石	武汉,黄石,鄂州	50	23	200	25.5	33分	0.51

名称	途经地级市	里程（公里）	运行频次（列/天）	运行速度（公里/小时）	票价（元）	运行时间	单位均价（元/公里）
沪昆高铁：南昌—长沙	南昌,新余,宜春,萍乡,长沙	344	59	350	157	1小时21分	0.46
沪昆高铁：杭州—南昌	杭州,金华,衢州,上饶,鹰潭,抚州,南昌	582	52	350	263.5	2小时13分	0.45
沪昆高铁：长沙—怀化	长沙,湘潭,娄底,邵阳,怀化	350	56	350	152.5	1小时22分	0.44
成绵乐客运专线：成都,绵阳,乐山	成都,德阳,绵阳,眉山,乐山	314	16	200	54	59分	0.17
兰新客运专线：兰州—乌鲁木齐	兰州,西宁,张掖,酒泉,嘉峪关,哈密,吐鲁番,乌鲁木齐	1776	5	200	551	11小时20分	0.31
贵广高铁	贵阳,黔南布依族苗族自治州,黔东南苗族侗族自治州,柳州,桂林,贺州,肇庆,佛山,广州	857	24	250	267.5	4小时11分	0.31
南广快速铁路：广州—南宁	南宁,贵港,梧州,云浮,肇庆,佛山,广州	577	55	250	169	3小时18分	0.29
郑州—开封城际铁路	郑州,开封	50	38	250	24	20分	0.48
青岛—荣成城际铁路：即墨—荣成	青岛,烟台,威海	210	8	210	83.5	2小时	0.40
沪昆高铁:贵州东段	铜仁,凯里,贵阳	286	30	300	59.5	38分	0.21

续表

名称	途经地级市	里程(公里)	运行频次(列/天)	运行速度(公里/小时)	票价(元)	运行时间	单位均价(元/公里)
郑焦城际铁路	郑州,焦作	78	14	250	28	34分	0.36
合福高速铁路	合肥,巢湖,芜湖,铜陵,宣城,黄山,上饶,南平,福州	850	15	350	357	3小时40分	0.42
哈齐客专哈北齐南段	哈尔滨,绥化,大庆,齐齐哈尔	286	31	250	98	1小时24分	0.34
沈丹高速铁路	沈阳,本溪,丹东	208	8	250	64	1小时15分	0.31
吉图珲高速铁路	吉林,延边朝鲜族自治州	360	10	250	111	2小时11分	0.31
南昆客运专线:南宁—百色	南宁,百色	161	22	200	82.5	1小时27分	0.51
成渝高铁	成都,重庆,资阳,内江	308	17	300	74	40分	0.24
郑机城际铁路	郑州	43	41	250	15	19分	0.35
郑徐高铁	郑州,徐州,开封,商丘	361	52	300	165.5	1小时30分	0.46
沪昆高速铁路:昆贵段	昆明,贵阳,安顺,黔西南布依族苗族自治州,六盘水,曲靖	615	35	300	212.5	1小时59分	0.35
南昆客运专线:百色—昆明	昆明,百色,文山壮族苗族自治州,红河哈尼族彝族自治州	549	20	200	180	2小时48分	0.33

注:高铁的票价、运行频次和运行时间等信息来自中国铁路公司的官方销售网站(www.12306.cn)。

外,为了减少跟地理有关的地区冲击造成的内生性问题,在所有市场准入的计算中,各城市 GDP 均为 2000 年的数据。

假设 2.4:关于反映贸易弹性的参数 θ 的估计,既有文献中关于国别层面的估计相对较多,如伊顿和科图姆(Eaton and Kortum,2002)基于 1995 年 OECD 经济体间制造业部门内部贸易往来的数据,计算得到的 θ 值分别为 8.28、3.6 和 12.86。科斯亭纳、唐纳森和科穆杰(Costinot,Donaldson and Komujer,2011)以及西蒙诺夫斯卡和沃尔(Simonovska and Waugh,2014)进一步放宽了伊顿和科图姆(Eaton and Kortum,2002)的假设条件,同样是利用 20 世纪 90 年代 OECD 内部贸易数据,计算得到的 θ 值为 4.5~6.5。碍于数据,相对而言一国之内的估计较少,如伯纳德等(Bernard et al.,2003)利用美国企业层面的生产率分布,估计得到 $\theta = 3.6$;唐纳森(Donaldson,2018)利用印度地区间贸易数据,估计得到的 θ 值约为 3.6。由于缺乏中国国内区域间贸易流动的数据,我们无法从数据中直接估计这一参数。回顾既往文献发现,以中国为例的实证研究中汤姆彼和朱晓东(Tombe and Zhu,2019)基于文献梳理设定的 θ 值为 4.0,徐航天(Xu,2017)基于西蒙诺夫斯卡和沃尔(Simonovska and Waugh,2014)的估计结果 θ 值也是取为 4.0,林娅堂(Lin,2017)的 θ 值取为 3.6。综合考虑这些既有研究,本书在计算中主要采用的是 $\theta = 3.6$,为了验证稳健性,本书进一步取 $\theta = 4.0$ 和 $\theta = 8.28$ 时市场准入的计算结果进行检验。

从市场准入的计算公式来看,如果一个城市到其他城市的交通成本越低,则这个城市的市场准入就越大(与通达性的概念相似)。

"市场准入"与哈里斯(Harris,1954)提出的"市场潜能"(基于最低成本下可得的市场数目及规模的测算)的区别,主要体现在以下两个方面:首先,哈里斯(Harris,1954)的计算公式为 $\sum_{d \neq 0} (T_{od})^{-1} N_d$,其中 T_{od}(市场与市场之间贸易往来的交通成本)用"两地间距离"来表示。而本书借鉴唐纳森和霍恩贝克

(Donaldson and Hornbeck，2016)构造的"市场准入"指标中的"市场之间贸易往来成本"则进一步考虑了在两地间地理距离不变的情况下，道路交通基础设施网络的建设和发展对各城市的影响。其次，在市场准入的构建中，"市场准入"允许贸易成本对另一城市市场规模的重要性产生影响，影响大小为 $-q$，而哈里斯（Harris，1954）以固定值 -1 来计算。伊顿和科图姆（Eaton and Kortum，2002）指出，q 描述了生产率的分布，反映了贸易流动中的"比较优势"（贸易弹性），值越小意味着这个区域的生产率吸引越分散，会致使产生更多的贸易动机。唐纳森和霍恩贝克（Donaldson and Hornbeck，2016）发现用实际数据估计得到的 q 是显著大于 1 的，选择不同的 q 值会对市场准入值产生不同的影响，具体的取值应取决于具体的实证场景。因此，他们通过利用结构模型和非线性最小二乘法(NLS)估计得出最适合美国样本数据实证设定的 q 值，所估参数 8.22 在 3.37～13.18 置信区间内有 95% 的置信概率。

三、高铁对贸易成本影响的相关研究

鉴于基础设施的改善对贸易的重要影响，全球每年都为改善交通基础设施进行巨大的投资（World Bank，2014）。而有关基础设施建设对贸易的影响研究也层出不穷，包括高速公路（Duranton et al.，2014；Jaworski and Kitchens，2016；Cosar and Demir，2016）、铁路（Xu，2015；Donaldson，2018）、机场（Cristea，2011；Campante and Yanagizawadrott，2016；Startz，2016）和港口（Clark et al.，2004）等。高铁是 20 世纪中后期出现的重大技术创新，高铁网络的形成极大地缩短了地区间的时空距离，使得交通基础设施建设有了重大提升。根据高铁的规划，高铁的修建目标将实现"与其他交通方式高效衔接，形成系统配套、一体便捷的铁路枢纽，实现物流衔接无缝化、运输服务一体化"。可见，高铁是铁路运输系统和综合交通运输体系的重要组成部分，高铁的开通与原有的铁路运输系统形成良好的互动，有利于缓解铁路运输长期供给不足的局面，优化铁路运输布局，提高铁路运输的效率，促进铁路运输和综合交通运输体系的发展。此外，作为一种新型交通运输方式，高铁网络建成之后，区域之间的通达性和沟通效率将会得到显著提升,进而对沿线地区的社会经济发展带来深刻影响。正是由于高铁的衔接功能和客运专线属性,对贸易成本的影响机制也直接从这两点引出,即利于既有铁路的运能释放以及提高了区域可达性、降低面对面的交流成本。

(一) 高铁开通促进面对面交流,降低固定贸易成本

不同地区之间可以根据自身的发展需求,合理规划交通运输网络,科学组合各种不同的交通运输方式,发挥整个交通运输网络的优势(Kim,2000;Li et al.,2016)。高铁的运营直接增加了沿线站点所在地区的交通运输选择,提高了区域的可达性[①](卞元超等,2018),改善了区域到达的容易程度。此外,高铁改变了区域的经济地理位置,提高了区域的区位优势。特别是高铁网络的建成,把每一个高铁站点纳入到一个整体的高速可达网中,进一步强化了区域的优势区位条件,产生更大的经济效益。鉴于贸易的商品日趋差异化(Hummels et al.,2001),国际贸易变得越来越依赖于复杂的信息传递,而这些传递往往需要由面对面的交流来实现。潜在交易对象之间的距离会产生搜寻问题和道德风险(确保产品和钱都确实发出的困难),这两种我们统称为"信息成本"。这也是长期以来由产品流动推算的贸易成本总是高于直接观察的成本,例如交通和关税(Anderson and Wincoop,2004)的原因之一。而高铁带来的区域可达性的提高有助于促进人与人之间的直接交流成本的降低(黄张凯等,2016;龙玉等,2017),进而减少由于合同执行制度制约少、信息技术获取困难、公司规模小等原因造成的贸易成本。伯纳德等(Bernard et al.,2019)基于日本2005—2010年的企业层面数据,考察新干线对企业绩效的影响。探究发现买方—卖方的供应关系在地理位置上影响企业生产组织方面起着重要作用,降低搜寻和外包的成本,能使企业找到更好的供应商,这反过来又能降低企业的边际生产成本。

[①] 本书中所讲的可达性是指一个地方到另一个地方的容易程度,可以用旅行距离、旅行时间或感知距离来衡量。

日本新干线的开通显著降低了旅客的出行成本,而货物运输成本几乎没有受到影响。实证结果与之相同,高铁促使新的供应形成,使得企业绩效显著提升。霍尔曼和施密德(Heuermann and Schmieder,2018)以德国高铁为例,探究其对劳动力流动的影响。研究发现两地间出行时间每降低 1% 会促使地区间的通勤人员增加 0.25%,而这一效应主要是由于有一个群体转向了小城市进行工作却仍旧居住在大城市。这一研究结果支撑了交通基础设施对边缘城市的福利效应,因为这使得其能获得更大的劳动力池。沙尔诺等(Charnoz et al.,2018)将高铁开通作为旅客出行时间的工具变量,以法国的高铁数据及微观企业数据为对象,探究高铁的开通对企业内部组织的影响。研究结果表明高铁开通在服务业中会创造 1 个生产性工作岗位(零售、贸易或制造业中为 0.2 个);就集团层面而言,通高铁对绝大多数行业的边际营业利润的影响约为 0.5%。董晓芳等(Dong et al.,2018)将中国高铁的开通视作一个外生冲击,探究其对学术交流的影响。结果发现高铁开通显著降低地区间的通勤时间,即降低面对面交流成本,对研究论文的发表和引用产生了显著的正向影响。

(二) 高铁开通释放既有铁路运能,降低可变贸易成本

据报道,我国各条繁忙铁路线路运能利用率已经超过 80%,呈现出运能与运量不匹配的现象,制约了经济的发展。高铁作为客运专线,旅客运载能力强大。高铁的开通显著减少了旅客在站的停留时间,提高了旅客运输的效率(张克中和陶东杰,2016)。高铁释放的普通铁路和高速公路原来进行旅客运输的部分运能,进行货物运输,这样使货物运输和旅客运输在不同线路上分别运行,减少了两者在运行过程中的冲突,提高了运输的服务质量和效率。

综上可知,高铁对贸易成本的影响至关重要,而这恰恰是既往研究中所忽视的内容,为此本书从高铁带来的贸易成本变动视角对该领域研究作重要补充。

第三节　贸易成本与出口的相关研究

一、贸易成本对出口的影响

传统国际贸易理论认为贸易成本限制了商品和要素价格的均等化,减少了贸易量,因此贸易成本在传统的贸易理论中几乎完全被排除在外。但是,随着国际贸易的不断发展和贸易理论的不断创新,越来越多的学者逐渐认识到贸易成本的重要性(Hummels,2007;Novy,2013)。

早在19世纪,学者们就开始探究区域间的贸易联系。例如,李嘉图分析了在两个区域、两种商品的情况下,区域间往来的经济联系;穆勒在李嘉图的分析模型基础上,探究了区域内生产成本对区域间交换比例的影响。但是,古典经济学家主要从商品供给和需求的角度来研究区域间贸易,没有考虑运输成本的影响。实际上,不论是商品还是服务,在空间上的位移均需要付出一定成本,在研究区域间贸易时需要考虑贸易产品在空间位移产生的运输费用。从20世纪80年代开始,贸易成本逐渐在贸易研究中作为重要影响因素被考虑和重视,有关贸易成本的研究也日益成为国际贸易研究领域的重点问题。早期的研究,如克鲁格曼(Krugman,1980)分析发现,若产品间替代弹性高,贸易壁垒对贸易的影响会增强,即使是贸易成本略微提高也会导致贸易量大幅减少。钱尼(Chaney,2008)进一步放宽了克鲁格曼"企业同质和仅考虑可变贸易成本"的研究假设,在"企业异质性和企业生产率服从帕累托分析"的设定下,细分考虑了可变贸易成本和固定贸易成本的影响。但是,他得到了与克鲁格曼(Krugman,1980)不同的结论,即产品间替代弹性会抑制贸易壁垒对贸易的影响,并将其可能的原因归为贸易成本的不同方面(可变贸易成本和固定贸易成本)对贸易的不同方面(广度和强度)产生了差异化影响。钱尼的解释得到了劳利斯(Lawless,2010)研究的部分验证,劳利斯的研究发现固定贸易成本和可变贸易成本下降都使得出口的集约边际上升,而且可变贸易成本的作用受企业生产率分布的影响。达特等(Dutt et al.，2013)通过比较静态分析认为固定贸易成本和可变贸易成本都会使出口广延边际上升,但如果只降低一种成本,结果会呈现差异。利马奥和维纳布尔(Limao and Venables，2001)研究内陆国家道路基础设施与贸易关系时发现,运输成本增加10%会减少至少20%的贸易。他们还发现,落后的基础设施占了运输成本的40%以上。另一方面,大部分研究,如克拉克等(Clark et al.，2004)、胡梅尔斯(Hummels，2007)以及法杰尔鲍姆和沙尔(Fajgelbaum and Schaal，2017)等从货物运输成本的视角展开分析。随着交通基础设施不断完善,交通网络的建立,越来越多的研究开始探究基础设施建设通过影响面对面的交流成本对不同产品或贸易类型产生影响(Cristea，2011；Poole，2013；Startz，2016)。

综上所述,目前对贸易成本的衡量方法各有利弊,在实际应用中需根据研究针对性地采取对应的衡量方法。如贝尔和伯格斯特兰(Baier and Bergstrand，2001)的研究中选取了关税和运输成本两个变量作为贸易成本的代理变量,运用16个OECD国家的数据进行实证分析,发现16个国家在30年间的双边贸易增长约为150%,其中运输成本和关税税率的下降对贸易增长具有显著促进作用,分别为12%和38%。克内勒等(Kneller et al.，2008)观察到其他国家运营成本下降促进其贸易出口额不断增加。究其原因,一方面贸易成本的降低使得原来不出口的企业加入出口行列;另一方面原本已经出口的企业参与国际贸易程度不断深化,其出口额比例也不断增大。另有一些学者将两国的贸易额增长原因分解为收入的上升、双边贸易成本的下降和多边贸易阻力的减少(许统生和涂远芬,2010),经定量分析得出收入的增长和双边贸易成本的下降是导致中国双边贸易增长的主要原因。易柯木(Yi，2003)对多恩布什(Dornbusch et al.，1977)提出的DFS模型进行扩展,提出了贸易成本对垂直专业化影响的理论模型,其他形式的贸易成本(例如运输成本)与关税类似,对垂直专业化贸易产生影响。阿米蒂和坎德尔瓦尔(Amiti and Khandelwal，2013)同样研究了关税的影响,认为影响贸易成本的进口产品关税的降低会对出口产生影响。樊海潮等(Fan et al.，2015)延伸并深化了阿米蒂和坎德尔瓦尔(Amiti and Khandelwal，2013)的研究,用一般均衡法探究中间品进口关税下降导致的贸易成本减少对出口的影响,结果发现这种贸易成本降低会引致出口质量的提升,且在那些质量差异大的行业更加显著。

　　有关贸易成本及其对贸易影响的相关研究,如许统生和梁肖(2016)测算了中国与 86 个贸易国 2000—2013 年的双边贸易成本及其对出口结构的影响,发现总的贸易成本有下降的趋势。黄小兵和黄静波(2013)则从生产率视角进行分析,他们发现贸易成本的减少降低了出口生产率的界值,进而正向影响贸易;并且,贸易成本变化对生产率低、规模小的出口企业影响尤为显著。贝尔和伯格斯特兰(Baier and Bergstrand，2001)量化了 1958—1988 年 16 个 OECD 国家贸易增长的原因,实证结果表明,其贸易增长 67％源于收入增长,25％源于关税下降,8％源于运输成本下降。伯纳德等(Bernard et al.，2006)关注了一个影响贸易成本的重要因素——距离的作用。此外,越来越多的研究,如布瓦索和费兰蒂诺(Boisso and Ferrantino，1997)、劳赫和特林达德(Rauch and Trindade，2002)、梅利茨(Melitz，2008)以及梅利茨和图巴尔(Melitz and Toubal，2014)均关注其他因素,如共同语言导致的贸易成本改变对贸易产生的影响。

二、贸易成本与出口二元边际的相关研究

　　关于出口的考察大致经历了从宏观到微观再到结构的过程,解析出口的结构即识别出口增长的不同贡献,有助于正确理解出口增长的性质所在和厘清贸易利得。既往研究中较为认可的处理方式是根据企业异质性贸易模型(Melitz，2003)对出口的总量增长进行结构性分解,出口的增长被分解为集约边际(the Intensive Margin of Export)和扩展边际(the Extensive Margin of Export)两个方向上的扩张。其中,集约边际指的是现有出口企业和出口产品在量上的增长,扩展边际则刻画的是新企业和新出口产品的增加,不同的贸易边际对应着不同的福利内涵(钱学锋,2008)。具体而言,若一国出口的增长主要来源于集约边际,则表明该国的出口依赖于少数企业和产品,这将导致较高的收入不稳

定或增长波动,贸易条件将不断恶化。反之,若一国出口的增长主要来自扩展边际的扩张,意味着其贸易增长不仅是贸易量的增加,还包括贸易范围的扩展(Hummels and Klenow,2005),不仅有利于该国形成多元化的生产结构,而且能有效地提升总体生产率水平(Bernard et al.,2006)。随着贸易成本对出口的显著影响取得广泛共识(Hummel,2007;Novy,2013;Anderson and Wincoop,2003),越来越多的文献尝试进一步讨论不同的贸易成本对二元边际的影响。由于不同贸易成本隐含着不同的贸易自由化路径,因此对二者关系的深入考察富有政策启示。现有文献中,对二元边际的分解主要可以从产品层面(Hummels and Klenow,2005;钱学锋和熊平,2010)、企业层面(Melitz,2003;Bernard et al.,2011)和国家层面(Felbermayr and Kohler,2006)展开。由于每篇文献的贸易成本代理变量都不相同,因而得出了不同结论。

以发达国家为例探究贸易成本影响出口二元边际的文献,如伯纳德等(Bernard et al.,2003)拓展李嘉图理论到多国家、存在地理阻隔、市场非完全竞争的设定,构建理论框架分析了企业出口和生产的异质性,并进一步以美国与46个国家之间的贸易数据实证探究发现贸易成本的下降会降低产品的出口生产率,并进一步通过二元边际体现为贸易的增长。伊顿等(Eaton et al.,2004)分析法国企业出口的数据发现,当出口增长是由于贸易成本引致时,其扩展边际的变化最为显著。坎奇(Kancs,2007)考察了不同贸易成本对东南欧国家出口二元边际的影响,实证结果显示自由贸易区的设定主要促进了扩展边际的增加,并且相较于固定贸易成本的下降,可变贸易成本更能促进出口增长。芬斯特拉和凯(Feenstra and Kee,2008)以1980—2000年美国的贸易数据探究了出口多样性与生产率的关系,发现样本期间美国出口多样性年均增长达3.3%,但是贸易成本变化(如关税削减等随时间变化的因素)并不能解释多样性的增加,多样性的增加主要是时间固定效应的作用结果。弗伦施(Frensch,2010)考察了贸易制度自由化对欧洲新兴经济各类进口品二元边际的影响。劳利斯(Lawless,2010)基于美国出口数据,以出口企业数表征扩展边际,平均出口规模表征集约边际,分析发现运输距离对两个边际均会产生负向影响,但对扩展边际影响的效应值更大也更显著。

关于集约边际和扩展边际对贸易的贡献分析,既有文献的讨论中呈现了两种相对的结果。一些文献认为扩展边际十分重要,代表性研究成果如哈梅尔和克莱诺(Hummel and Klenow,2005),他们考察比较了不同国家的数据,发现扩展边际能解释大国之间发展差异的 60% 以上。伊文奈特和维纳布尔(Evenett and Venables,2002)探究认为对发展中国家而言,沿着扩展边际的增长对国家的发展发挥显著影响。还有一些研究发现集约边际变得越来越具影响力。如费尔伯梅尔和科勒(Felbermayr and Kohler,2006)发现集约边际在20世纪70—90年代之间发挥重要作用,这一结论与赫普曼等(Helpman et al.,2008)、阿米蒂和弗罗因德(Amiti and Freund,2010)以中国为考察对象的结论一致,他们的研究均揭示集约边际在 1992 年和 2005 年中对中国的发展有重要作用。伊顿等(Eaton et al.,2008)的结果显示尽管有将近一半哥伦比亚企业的出口是新进企业,但绝大多数增长还是集中在集约边际。

已有研究也尝试对关于二元边际的不同研究结论进行解释,其中一个讨论较多的原因是对这两种边际的定义不同。埃文内特和维纳布尔斯(Evenett and Venables,2002)在国别层面定义了扩展边际,阿米蒂和弗罗因德(Amitt and Freud,2010)在产品层面,赫普曼等(Helpman et al.,2008)及费尔伯迈尔和科勒(Felbermayr and Kohler,2006)在国家层面上进行定义。采用其中一种方法统计的扩展边际,很可能在另一种方法中又被当作集约边际。例如,假定 1990年巴西向阿根廷和德国出口球轴承,向阿根廷出口钢管。然后,在 1992 年巴西开始向德国出口钢管。赫普曼等(Helpman et al.,2008)及阿米蒂和弗罗因德(Amitt and Freund,2010)没有把这种情况下的新出口当作扩展边际的增加,而埃文内特和维纳布尔斯(Evenett and Venables,2002)则将其纳入扩展边际。如果巴西向阿根廷出口半导体组件,赫普曼等(Helpman et al.,2008)没有把它当作扩展边际,而阿米蒂和弗罗因德(Amitt and Freund,2010)及埃文内特和维纳布尔斯(Evenett and Venables，2002)则是。事实上，埃文内特和维纳布尔斯(Evenett and Venables，2002)所定义的扩展边际比赫普曼等(Helpman et al.，2008)的更为宽泛。这些定义和概念上的差异在一定程度上可以解释两种边际在增长上研究结论的不同。

有关贸易成本与中国出口二元边际的研究，阿米蒂和弗罗因德(Amiti and Freund，2007)基于1997—2005年海关数据判断认为中国出口扩张的原因是贸易的集约边际。钱学锋(2008)实证探究也得到了一致的结论。此外，钱学锋(2008)还探究了可变贸易成本和固定贸易成本的变化对中国出口总量增长及二元边际的影响，分析结果显示贸易成本下降推动了更多企业参与出口(即扩展边际的扩张)，他们分析认为出口固定成本的下降(如双边/多边贸易协定的签订、2004年的新对外贸易法、退税、补贴等)更能促进扩展边际的增加，因而导致了"尽管贸易成本下降对扩展贸易边际影响更大，但中国的出口增长却主要源自集约边际"这样乍看矛盾的结果。钱学锋和熊平(2010)利用中国1995—2005年的国际贸易数据，以双边距离表示可变贸易成本，以经济自由度指数(Index of Economic Freedom)得分衡量固定贸易成本，从产品层面计量分析发现固定贸易成本对贸易量的影响主要是通过扩展边际的增加而实现。陈勇兵等(2012)从动态的企业层面描述了中国企业出口及出口增长的二元边际，研究同样得到贸易成本的下降是通过扩展边际促进贸易量的增长。黄玖立和徐旻鸿(2012)使用2003年中国地级市海关出口数据考察了以收费公路为代表的境内运输成本(可变贸易成本的一部分)对出口二元边际的影响，认为境内距离主要通过扩展边际影响出口。陈阵和隋岩(2013)发现随时间动态变化的扩展边际对中国出口增长的贡献高于集约边际，贸易成本变化主要是通过影响扩展边际(出口企业数的增加)而影响出口增长。高越等(Gao et al.，2014)将中国出口的增长分解为"扩展边际的增长""数量的增长"和"价格的增长"，采用中国在HS六位编码上的出口数据实证考察了中国的出口。结果显示，中国出口的增长越来越取决于价格的增长而非数量的增长。跟世界上其他国家相比，中国出口价格仍处于增长的过程之中,但是趋势是放缓而非加速。金融危机之后(2008—2010年),中国的出口表现与其他国家相比显示更优,折射和反映了2009年面临出口市场缩减而采取的降价以增加销量的策略。曲如晓等(2015)考察了不同贸易成本对中国文化产品出口二元边际的影响,发现固定贸易成本下降反而阻碍了中国文化产品出口的扩展边际。陈勇兵等(2012)细分考察了不同类型的贸易成本对贸易的影响并探究了作用机制,结果显示主要影响贸易的广延边际。

综上所述,本章主要对交通基础设施与贸易、高铁与贸易成本、贸易成本与贸易相关文献进行梳理和汇总。交通基础设施建设能够降低贸易成本,提高地区福利。近年来,高铁这一新型交通运输方式快速发展,通过促进人员流动、加强企业间联系,对经济、贸易、产业结构等各方面产生了重要影响。高铁对贸易的影响机制可能通过加强地区间人员流动降低固定贸易成本和释放既有货运运能降低可变贸易成本两个途径来实现。既往大量运用引力模型方法研究国际贸易的文献显示,更低的贸易成本促进了总的贸易量并带来更高水平的真实收入。在国际贸易理论分析中往往采用"地理距离"替代贸易成本,发现通过贸易成本下降促进贸易增长。同样,在实证检验中,为了方便,对于贸易成本测算也往往采用距离替代指标,而对于其他几类贸易成本的衡量方法中,大多数以关税等价表示,进而借用关税的福利分析方法,分析贸易成本变动的福利效应。随着运输技术的改善及国际经济一体化程度的加深,在理论界形成国家间"距离消亡"的判断和"消失的贸易之谜"之间相矛盾的说法。"距离消亡"过于夸大了贸易成本的下降程度,而"消失的贸易之谜"则添加了贸易成本的神秘色彩。两类截然不同的判断一方面说明了贸易成本的重要性,另一方面也说明了贸易成本对经济影响的复杂性。因此,目前有关贸易成本的研究仍存在较大的探索空间。一方面,大部分文献关注的是削减关税、达成国际协定和更低的海运成本等带来的国际贸易成本的减少,但是对国内贸易成本变动对贸易和发展的影响却鲜有关注。另一方面,高铁作为客运专线,不同于以往的交通方式,主要影响旅客运输,提高人与人之间面对面交流的效率。因此,探究高铁对贸易成本的影响,进而改变贸易具有重要的现实意义和理论价值。

第三章　中国高铁、贸易成本与企业出口的理论研究

本章主要对高铁影响企业出口的机制进行梳理,进而构建本书的理论框架。首先,概述高铁的发展,通过对高铁的规模、特点、优劣势分析为高铁影响企业出口机制奠定现实基础;其次,通过回顾既往文献对高铁通过影响企业间匹配效率、劳动力流动、货运运能释放的影响阐释高铁对可变贸易成本和固定贸易成本影响的理论机制,构建本书的理论框架。

第一节　高铁的发展概述

高铁兴起于 20 世纪中期,是一个国家铁路现代化与轨道装备现代化水平的标志,更是世界交通发展史上一次具有标志性意义的变革。高铁在不同国家不同时代有不同规定。由于各国国情、铁路发展历程之间的差异,其对高铁的定义也不尽相同。同时,随着现代科学技术水平的不断进步,高铁的概念也面临着不断的更新。归纳而言,日本新干线的时速为 210 公里;西欧把新建的时速为 250～300 公里的线路、既有线改造后时速达到 200 公里的线路称为高铁;国际铁路联盟把运营时速在 200 公里以上的铁路线路称为高铁;联合国欧洲经济委员会认定新建客运列车专用型高铁时速为 300 公里,新建客货混用型高速铁路时速为 250 公里。本书采用的是 2014 年中国国务院对高铁的定义,指设计开始运行时速 250 公里以上(含预留)、初期运营时速 200 公里以上的客运铁路专线。

一、世界高铁的发展

自 1964 年日本新干线正式开通运营以来,高铁进一步丰富了人们出行的选择,促进了地区经济发展和社会进步,产生了巨大的社会经济效益。高铁的

商业化运营也成为世界各国瞩目的焦点。整体而言,世界高铁的发展经历了四次大的建设浪潮(表3-1)。

表3-1 世界高铁的四次建设浪潮

建设年代		主要参与国家或地区	通车运营总里程	阶段特征
第一次浪潮	1964—1990年	日本、法国、德国、意大利	3 226公里	高铁商业化运营示范阶段
第二次浪潮	1990—1998年	日本、德国、法国、西班牙、比利时	1 426公里	少数国家已经建立起高铁骨干网络
第三次浪潮	1998—2004年	荷兰、英国、韩国、中国台湾	3 509公里	更多国家和地区开始建设高铁
第四次浪潮	2004年至今	中国、美国、加拿大	10 000公里以上	中国高铁快速崛起

(一) 高铁发展的示范阶段(1964—1990年)

这一时期,仅有少数发达国家开始建设和运营具有示范效应的高铁线路。日本、法国、德国、意大利是世界上较早建立高铁的国家。其中,日本建成了4条新干线,通车总里程达到1 836公里;法国建成TGV东南线和TGV大西洋线,通车总里程达到699公里;德国建成汉诺威至斯图加特的高铁线路,通车总里程达到437公里;意大利建成罗马至佛罗伦萨的高铁线路,通车总里程达到254公里。上述高铁线路运营总里程达到3 226公里,成功完成了高铁商业化运营的试验,为其他国家的高铁建设和发展起到了巨大的示范和引领作用。特别是日本的新干线的建立,不仅颠覆了传统认为"铁路是夕阳行业"的论断,更使得铁路行业迎来了巨大的发展机遇,一跃成为日本陆地交通运输的主力,推动了日本产业结构布局的调整和城市经济格局的变化。

(二) 世界范围高铁建设前期的规划阶段(1990—1998年)

这一时期,高铁建设先驱国家进一步快速发展高铁,日本新建了北陆新干线;德国新建了柏林至汉诺威之间的高铁线路;法国新建了4条高铁线路,分别是TVG北方线、英吉利海峡线、TVG东南延伸线和TVG路网连接线,通车总里程超过583公里。在这个阶段,日本和法国已经建立起高铁的骨干网络,全国各大区域、各大中心城市之间开通了高速列车。同时,早期投入运营的高铁线路已经进入成熟期,与沿线区域经济实现了良好的融合和互动发展,彰显出高铁巨大的社会经济效应。此外,西班牙新建了马德里至塞维利亚的高铁线路,比利时新建了布鲁塞尔至里尔的高铁线路。但是,总体而言,这一时期世界范围内其他国家的高铁建设仍处于规划阶段。

(三) 高铁发展和高铁网络的建立(1998—2004年)

在这一时期,日本和法国的高铁网络逐步完善,有效连接国内各大区域、各大中心城市的骨干线路。法国、德国、西班牙、荷兰、意大利等国都已在国内建立起高铁线路,法国更是先行一步,已建立起较为完善的高铁网络。而高铁在日本和法国产生的巨大社会经济效益,使得各国竞相学习与效仿建设高铁。荷兰、英国、韩国、中国台湾等国家和地区相继开始进行高铁线路的规划和建设。为了发挥整体优势,欧洲当局希望打破国家边界的限制,把各国的高铁连接在一起,开始规划贯穿整个欧洲大陆的高铁项目,进一步推进欧盟的发展。

(四) 中国高铁的崛起和发展(2004年至今)

这一时期,中国不仅引进了高铁,而且在此基础上逐步建起了较为完善的高铁研发、生产体系,高铁技术发展突飞猛进,建设规模和营运里程都是世界之最,成为公认的头号高铁大国。截至2016年12月31日,中国开通运营的高铁总里程达到23 755公里。除中国以外,美国、加拿大等发达国家也开始规划和建设高铁,高铁得到了越来越多国家的认可。经过50多年的发展,高铁给处在"夕阳边缘"的铁路行业带来发展活力,更为社会经济的发展贡献了巨大的力量。

二、中国高铁的发展

改革开放后中国经济快速增长,客货运需求量不断增大,迫于每年庞大的客运需求和脆弱的运载能力之间的巨大压差,铁路运行网须扩大规模、完善结构、提高质量、扩充运输能力。在此背景下,我国铁道部提出了建造高铁的跨越式发展构想,由此进入重大的历史转折期。中国高铁作为一种新型的交通运输方式,其运行速度快、运能大,极大改善了交通运输现状,产生巨大的社会经济效应。回溯中国高铁的发展历程,自 20 世纪 80 年代中期,中国提议修建高铁,经过十几年反复详细的考察分析与可行性论证,全国人民代表大会于 1998 年 3 月在"十五"计划纲要草案中决定建设高铁。自此,中国开启了高铁建设新时代。1999 年我国开工修建高铁。2002 年提出的铁路"大提速"策略聚焦于现有铁路能力的提升和高铁的引进。2003 年完工的秦皇岛—沈阳高铁,设计最高时速可达 250 公里,是当时中国仅有的客运专线。但是,由于这条线路的本线工程设计和试验速度都超出了既有线的工程限制和承受范围,使得它是否为高铁在铁路界多年来争论不断。2004 年 1 月国务院审议通过《中长期铁路网规划》提出"到 2020 年,全国铁路营业里程达到 10 万公里,建设客运专线 1.2 万公里以上"。2008 年修订后的《中长期铁路网规划》中确定到 2020 年中国铁路营业里程达到 12 万公里以上,建成高铁 1.6 万公里以上。这一规划的颁布实施、京津城际的运营及京沪高铁的开工建设标志着中国正式迈入高铁时代。与发达国家相比,中国高铁的建设起步较晚,处在世界高铁发展历程中的第四次浪潮,但是发展迅猛。2008 年 8 月 1 日开通的时速 350 公里的京津城际铁路是第一条公认的、没有争议的高铁。同年,国务院在修订的《中长期铁路网规划》中提出高铁线路形成"四纵四横"(纵向指南北走向,横向指东西走向)的网络格局,预计累计总投资约 4 万亿元。至 2014 年中国高铁超越日本成为东亚地区,甚至是世界上高铁运输能力最强的国家(World Bank,2014)。中国高铁的工程建造技术、高速列车技术、高铁运营管理技术和高铁系统集成技术都达到世界一流水平,并创造了多项世界之最。中国高铁未来规划用 30 年(2010—2040)的时间,将全国主要省区市连接起来,形成国家网络大框架(《中长期铁路网规划》,2016)。根据目前已经公布的计划,为满足快速增长的旅客运输需求,建立省会城市及大中城市间的快速客运通道,中央政府批准到 2025 年,主要采用 250 公里及以上时速标准的高速铁路网对 50 万人口以上城市覆盖率达到 95%

以上,普速铁路瓶颈路段基本消除。[①]

所有高铁线路的规划和建设全部由中央政府集中组织实施,建成后的营运交中国铁路总公司集中管理。但是,由于受多种因素的影响和制约,高铁实际的实施和完成情况与规划不尽完全相同。首先,虽然绝大多数(约60%)已有高铁线路的建设工作始于2005年——在2004年通过《中长期铁路网规划》之后。但是,受工程技术要求限制,它们实际开始运作的时点却是不同的。例如,武广线必须要等到武汉天兴洲长江大桥——"世界上最长的公铁两用桥"建成才能开工。此外,在中国高铁发展的早期,还因中央财政不足而被延误过。其次,政治因素也会影响高铁的修建。据《东方早报》报道,铁道部消息,为配合2011年中国共产党建党90周年纪念,京沪高铁是提前两年完工的。综合学界研究成果,中国高铁建设先后分为两个时期:转型过渡期(2004—2007年)和快速发展期(2008年至今)。

(一) 转型过渡期(2004—2007年)

这一时期,中国先后进行了第五次和第六次铁路提速。此后,京广、京哈、京沪、陇海兰新线、武广、胶济、广深、浙赣等主要铁路线路取得了显著的技术进步,运行时速已经达到200公里,为高铁建设和发展提供了重要的技术支撑。自2007年客运专用的高铁车进入中国铁路系统起,我国开始进入高铁的快速发展阶段。

(二) 快速发展期(2008年至今)

2008年,中国的第一条高铁线路京津城际铁路开通运营,最高时速达350公里。随后,胶济铁路、武广客运专线、京沪高铁、合武快速铁路、郑西客运专线、福厦高铁、沪宁城际高铁、昌九城际铁路、沪杭高铁、哈大高铁、京汉高铁等线路相继开通运营。截至2016年底,中国运行时速在250公里以上的高铁总里程累计达2.3万公里。中国的高铁已经在大陆的东部和中部形成了较为完善的交通网络体系,并且在不断地向西部地区扩展。图3-1呈现了这一阶段,

---

① 参考国务院发布的《"十四五"现代综合交通运输体系发展规划》。

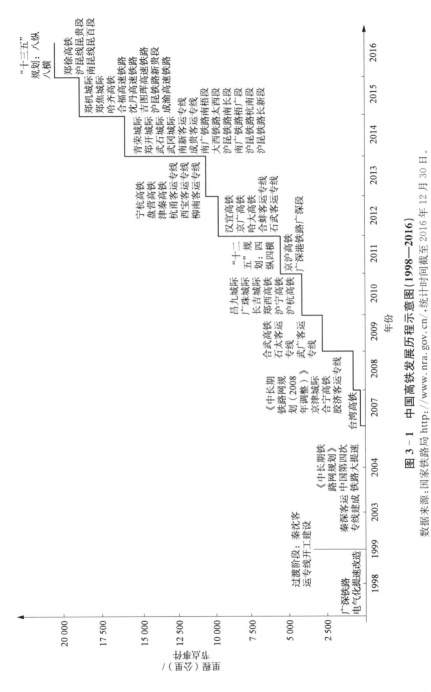

图 3-1 中国高铁发展历程示意图(1998—2016)

数据来源:国家铁路局 http://www.nra.gov.cn/,统计时间截至 2016 年 12 月 30 日。

69

中国高铁的发展历程,横坐标是时间轴,纵坐标分别表示高铁网络运营的里程数和发展过程中重要的节点事件,从图中可以观察到,2008年之前为高铁建设的准备阶段,从2008年开通第一条高铁线后高铁进入了快速发展阶段。

随着高铁修建,已经形成了覆盖东中部地区的高铁网络,并向西部延伸,形成了"八纵八横"的空间网络。"八纵"包括沿海通道、京沪通道、京港(台)通道、京哈—京港澳通道、呼南通道、京昆通道、包(银)海通道、兰(西)广通道,"八横"包括绥满通道、京兰通道、青银通道、陆桥通道、沿江通道、沪昆通道、厦渝通道、广昆通道(国务院,2016)。表3-2为中国高铁与日本、法国、德国代表性高铁线路的比较。

三、中国高铁网络的形成

高铁线路的布局,需要综合考虑经济发展、人口分布、资源分配、国土安全、环境保护、区域协调发展等多方面因素(初楠臣等,2018)。国务院在修订的《中长期铁路发展规划(2008)》中阐述道,"中国高铁的目的是人力资源集中的省会城市和其他分布广阔的有着丰富自然资源和丰富社会经济结构的主要城市之间形成联系"。因此,高铁建设的首要目标是连接省会城市和其他50万人口以上大中城市,形成"中心—中心"模式,其后逐步延伸到西部等其他地区,最终形成一个完备的网络结构。规划中指出,中国高铁扩张的目标为,到2020年铁路规模达到15万公里,其中高铁3万公里,覆盖80%以上的大城市。目前运营的高铁线路大多集中于经济相对发达和人口相对聚集的地区,中国50%以上经济生产和人口可以在1小时交通圈内与高铁建立联系。快速发展的中国高铁显著地扩大了中心城市的交通圈并促使一些中心城市与中心城市之间形成连续的发展区域。空间上来看,中心城市的1小时交通圈促使长三角地区、珠三角地区和京津冀地区形成相对连续的发展区域,为其提供了安全、可靠、高质量、高效、舒适、方便的客运服务。中国大陆地区城市间最短出行时间的空间模式呈现出了"中心—外围"结构。整体而言,中国高铁的演化模式在全国层面呈现出了"网络模式"(全面覆盖东部、中部和西部地区),区域层面呈现了"通道模

表3-2　高铁线路的国际比较

线路名称	日本新干线	法国LGV	德国ICE	京沪高铁
建设过程	1964年(东海道新干线)、1975年(山阳新干线)	1981年	1991年(汉诺威—斯图加特；曼海姆—斯图加特)之后，在1998年、2002年、2006年分别又开通了4条，到2007年里程已达1560公里	2008年(北京—天津)、2010年(上海—南京)、2011年(北京—上海全线)
途径城市	东京—大阪—博多	巴黎—里昂	汉堡—法兰克福—斯图加特；波恩—科隆—慕尼黑	北京—天津—济南—南京—上海
里程(公里)	1069	431	1560	1318
列车数/天	323(东海道),277(山阳)	211	—	180
票价(美元；全程)	125	69~126	汉诺威—维尔茨堡(23~90) 曼海姆—斯图加特(23~35)	80.87
最高速度(公里/小时)	300(东海道),270(山阳)	300	280	350
运送旅客量(百万人次；2011年数据)	149(东海道),62(山阳)	约30	约10	20.59
主要城市GDP(十亿美元；2011年数据)	东京1520 大阪654.8 名古屋367.0	巴黎669.2 里昂90.4	汉堡131.4 慕尼黑87.08 法兰克福54.9	北京427.2 天津308.7 上海516.2
主要城市的人口(百万人；2011年数据)	东京13.19 大阪2.67 名古屋2.27	巴黎10.52 里昂1.57	汉堡3.43 慕尼黑1.32 法兰克福0.67	北京12.77 天津5.51 上海13.50

注："—"表示数据缺失；票价统计的是二等座的价格，德国ICE的票价随"出行时间""是否预定"而不同，是一个浮动的范围；北京的人口数据为"户籍人口"。

式"(在人口密集地区布点,不断拓展干线通道),在一些城市群内呈现出了"混合模式"(Perl and Goetz,2015)。

此外,高铁线路的规划又被希望尽可能去完善现有交通系统。根据最新的高铁规划,它将"与其他交通方式高效衔接,形成系统配套、一体便捷的铁路枢纽,实现物流衔接'无缝化'、运输服务'一体化'"。"十二五"时期,中国各种交通运输方式快速发展,综合交通运输体系不断完善。交通运输基础设施累计完成投资 13.4 万亿元,是"十一五"时期的 1.6 倍,高铁营运里程、高速公路通车里程、城市轨道交通运营里程、沿海港口万吨级及以上泊位数量均位居世界首位,国内交通运输基础设施网络初步形成。"十三五"时期经济发展进入新常态,生产力布局、产业结构、消费及流通格局加速变化调整,对现代交通系统"衔接协调、便捷高效"提出了更高的要求,需要进一步充分发挥各种运输方式的比较优势和组合效率,提升网络效应和规模效益。因此,作为现代化交通体系中的衔接,高铁对交通运输的巨大影响是显而易见的。

第二节　高铁与其他交通基础设施的优劣势比较

一、高铁的优势

交通运输方式的发展历程在一定程度上可以理解为各种交通运输方式速度的发展历程。从水运、马车到工业革命时期的铁路,各种不同的交通运输方式都在寻求自身的突破,以更好地满足日益增长的运输需求。至 20 世纪中期,航空和高速公路的出现,对普通铁路产生巨大冲击,使其在运输市场逐渐失去往日的优势,一度成为夕阳产业。直到 1964 年,日本新干线开通,高铁首次成功商业化运营,铁路在传统运输速度上实现了历史性的突破,开创了铁路发展的新局面。与航空、高速公路、水运、普通铁路相比,高铁在运行速度、旅客运能、交通便利性等方面都有着独特的优势(骆嘉琪等,2018)。高铁很好地填补了航空昂贵、受天气影响大,普通铁路运行速度慢等既有交通运输方式的不足,具有明显的优势(表 3-3)。

表 3-3　高铁、航空、传统铁路及高速公路的运输成本和运输时间比较

交通模式	短距离旅行			中距离旅行			长距离旅行		
	时间	费用 (元)	频次 (列/天)	时间	费用 (元)	频次 (列/天)	时间	费用 (元)	频次 (列/天)
	(北京—天津,150公里)			(北京—郑州,600公里)			(北京—上海,1400公里)		
高铁	34 分	54.5	132	2 小时 27 分	309	52	4 小时 49 分	553	36
航空				1 小时 50 分	1 060	18	2 小时 15 分	590	90
传统铁路	1 小时 22 分	23.5	6	6 小时 42 分	93	5	15 小时 10 分	177.5	1
高速公路	2 小时 00 分	35	34	9 小时	200	2	18 小时	342	1
	(上海—杭州,160公里)			(上海—温州,500公里)			(上海—重庆,1500公里)		
高铁	45 分	73	110	3 小时 19 分	211	27	10 小时 40 分	509.5	7
航空				1 小时 10 分	1 390	16	2 小时 50 分	1 130	59
传统铁路	1 小时 46 分	24.5	8	9 小时 16 分	90	1	18 小时 57 分	389	3
高速公路	2 小时 30 分	68	25	6 小时 30 分	220	5	24 小时 30 分	383	2

注:航空信息来自"去哪儿"网,高速公路运输信息来自"客运站"网。

(一) 运行速度快

高铁的运行速度超过 250 公里/小时,停站时间短,不仅在途运输时间短,而且运输总时间短,为旅客提供了时间优势。据统计,乘坐高铁在 5 个小时内可以到达 1 250 公里范围内的目的地,并且在 1 200 公里的范围内,乘坐高铁所花费的总体时间比乘坐飞机花费的总时间更少。以京沪高铁为例,在正常状态下,乘飞机从北京至上海的总体时间为 5 小时左右(包括到达机场和候机时间),而乘坐高铁从北京至上海的总体时间也为 5 个小时左右。

（二）**客运能力强**

与其他交通基础设施方式相比，高铁每节车厢能载客 100 人左右，采用 8 节车厢编组的列车一次可以运输 800 人左右。与之相比，单架次航班最大的载客量约为 550 人，单个汽车的载客量为 50 人左右。高铁的客运运能远大于其他运输方式。

（三）**发车密度大**

高铁的最小行车间隔时间为 3 分钟，旅客出行受交通运输工具停站时间的影响小。目前，我国民航在北京和上海之间开通的空中快线每半小时一班，这已是飞机架次最密集的航线之一，但是距离高铁的发车密度还有一段距离。

（四）**列车编组灵活多样**

高铁可以根据线路的实际需要进行列车编组的调整，不同的线路、不同的日期、不同的时段都可以采用不同的列车编组，满足不同的需求，同时也提高了资源的利用效率。

（五）**列车准时准点，不确定性小**

旅客选择交通工具的重要依据就是时间安排，期望能够准时到达目的地，以便与其他行程安排协调一致。一方面高铁技术水平先进，组织运营严格；另一方面高铁在全封闭的自动化系统中运行，对于恶劣天气的承受能力强，并且没有交通拥堵，能够充分保证列车的准点率。以日本新干线为例，高铁的准点范围以秒计算，西班牙高铁的准点率高达 99.6％。与之对比，航空运输则经常受到大雾、雷雨等恶劣天气的影响，高速公路经常发生高峰拥堵，特别是节假日期间，严重制约了运输的高效进行。

二、高铁的劣势

如前所述，与其他交通基础设施方式相比，高铁具有明显的技术优势，是我国重大的创新成果。然而，高铁建设耗资巨大，其同样存在一定的不足。

（一）**耗资巨大**

交通网络的构建需要提供大量的投资，一般来说约占全年 GDP 收入的

5%。高铁具有技术领先优势,耗资巨大。据统计,我国每公里高铁的建造成本(不包含高铁站点建设)为 8 亿～12 亿元。"十二五"期间高铁建设总投资约为 18 750 亿元,约占全年 GDP 的 4.5%。"十三五"交通运输总投资同比增加 20%(总计 150 000 亿元),根据国铁集团披露数据显示"十三五"期间高铁建设投资总计 39 887 亿元,与"十二五"期间相比,有增无减。

(二) 运输价格高

高铁的运输成本相比于高速公路,特别是传统铁路均有显著的增加,这直接增加了旅客出行的价格成本。由表 3-3 可以看出,各距离高铁票价虽然比航空运输价格低,但是均明显高于普通铁路和高速公路,平均为普通铁路票价的 2～3 倍。可见,虽然高铁节省了旅客的时间成本,但是增加了价格成本。对于不同人群而言,时间和价格的重要性存在差异,因此高铁可能对不同人群产生差异化影响。

由上述分析可以看出,虽然高铁技术优势明显,旅客运能大,但是高铁建设相比于普通铁路投资数额巨大、乘坐价格较高。因此,只有高铁运能得到充分利用时其技术优势才能得以展现。实际上,高铁运营中尚存在"空椅子"的闲置状态报道。高铁"高投入、低效率"的现状使得有学者提出"警惕高铁成为撞击中国经济的灰犀牛"[1]。因此,系统探究中国高铁对企业出口的影响及其贸易成本机制具有重要的理论价值和实际意义。

第三节　中国高铁与企业出口的机理分析

前文分析发现,一方面高铁能够促进人员流动、加强企业间供应关系匹配效率,进而降低固定贸易成本;另一方面高铁通过释放运能对可变贸易成本产生影响。徐航天(Xu,2017)通过在伊顿等(Eaton et al.,2016)的多地区背景下

---

[1]　http://opinion.caixin.com/2019-01-28/101375115.html.

企业间贸易模型中引入人员迁移和劳动力市场动态变化来阐述高铁开通对企业生产网络的影响。模型认为,企业生产活动包括服务活动(S)(如管理等)和产品生产(M)两部分。其中,服务活动只能在企业内部由高技能劳动力(W)完成,而产品生产既可以在企业内部由低技能劳动力(B)完成,又可以通过外包来实现。企业内部生产和外包之间具有可替代性。具体可表示为如下生产函数:

$$Q_i(j) = z_i(j) \prod_{k \in \{S, M\}} b_k^{-1} \left(\frac{m_{k, i}(j)}{\beta_k} \right)^{\beta_k} \qquad (3-1)$$

其中,$Q_i(j)$ 代表地区 i 企业 j 的产量,$z_i(j)$ 代表地区 i 企业 j 的 Hick 规模报酬不变生产率,$m_{k,i}(j)$ 表示完成生产活动 k 所需的投入,b_k 为常数,β_k 是 k 在柯布-道格拉斯生产函数中所占的比重,满足 $\beta_k > 0$ 且 $\beta_S + \beta_M = 1$。

如果企业 j 由劳动力来完成生产活动 k,企业向劳动力 $l(k) \in \{W, B\}$($k \in \{S, M\}$)所支付的工资为 $w_{k, i} \equiv w_i^{l(k)}$。因而企业 j 支付生产活动 k 的单位成本,取决于支付劳动力的工资和可获得的最低中间品价格,用 $c_{k, i}(j)$ 表示,即:

$$c_{k, i}(j) = \min \left\{ \frac{w_{k, i}}{q_{k, i}(j)}, c_{k, i}^{\min}(j) \right\} \qquad (3-2)$$

其中,$c_{k, i}^{\min}(j)$ 是企业 j 能获得的最低价中间品。企业 j 将产品运送到目的地 n 的边际成本为:

$$c_{ni}(j) = \frac{d_{ni}}{z_i(j)} \prod_{k \in \{S, M\}} \frac{c_{k, i}(j)^{\beta_k}}{b_k} \qquad (3-3)$$

其中,$d_{ni} > 1$,代表了将一单位最终产品从 i 运送到 n 的交通成本,对 $\forall i$,$d_{ni} = 1$。

企业寻求中间品过程中,企业间匹配具有随机性。生产活动 k 的双方企业之间匹配强度表示为:

$$e_{k, n}(c) = l_{k, n} m_n(c)^{-g} \qquad (3-4)$$

其中,$m_n(c)$是边际成本低于c的企业概率,g捕捉的是受$\gamma \in (0,1)$限制的买方的拥挤程度。新参数$\lambda_{k,n}$决定了生产活动k的外包性。鉴于企业j的服务活动不可外包性,即$\lambda_{s,n}=0$,其生产活动k能够得到的不高于c的报价数目满足泊松分布。由式(3-3)、(3-4)计算得出下式:

$$\rho_{k,n}(c) = \int_0^c e_{k,n}(x)d\mu_n(x) = \frac{1}{1-\gamma}\lambda_{k,n}Y_n^{1-\gamma}c^{\theta(1-\gamma)} \qquad (3-5)$$

由式(3-5)可得城市i的企业j就生产活动k不能找到任何一家价格低于c的中间品供应商的概率为$exp(-\rho_{k,i}(c))$。而企业j内部生产所支付工资高于c,即$w_{k,i}/q_{k,i}(j) \geqslant c$的概率根据式(3-2)为$F(w_{k,i}/c)$。由于上述两种情形独立存在,因此地区$i$企业$j$能够以最低成本完成生产活动$k$的分布为:

$$\begin{aligned} G_{k,i}(c) &= 1-\exp\left(-\rho_{k,i}(c)F\left(\frac{w_{k,i}}{c}\right)\right) \\ &= 1-\exp\left[1-\left(\frac{1}{1-\gamma}\lambda_{k,i}Y_i^{1-\gamma}c^{\theta(1-\gamma)}+w_{k,i}^{-\phi}c^\phi\right)\right] \end{aligned} \qquad (3-6)$$

令

$$\Xi_{k,i} = v_{k,i}+w_{k,i}^{-\phi} \qquad (3-7)$$

以及

$$v_{k,i} = \frac{\theta}{\phi}\lambda_{k,i}Y_i^{\frac{\phi}{\theta}} \qquad (3-8)$$

则$\Xi_{k,i}$反映的是完成生产活动k的技术效率,它既受劳动力成本($w_{k,i}^{-\phi}$)的影响,也受中间品的生产效率($v_{k,i}$)的影响。劳动力工资水平越低($w_{k,i}$)和地区i生产率水平越高(Y_i),意味着完成生产活动k的效率越高。那么企业j通过雇用劳动力来完成生产活动k的可能性为$w_{k,i}^{-\phi}/\Xi_{k,i}$,而外包给最优价格中间品的供应商的可能性为$v_{k,i}/\Xi_{k,i}$。

从上述模型我们能够直接看出,生产活动k的外包概率随着匹配效率

($\lambda_{k,i}$值越大)的提高或劳动力工资水平的($w_{k,i}$)提高而提高。其中,劳动力的工资水平越高、企业间匹配效率越高、交通成本的改善均能够通过促进企业外包机制促进企业生产活动,进而提高企业出口。

为了测算高铁对企业间匹配效率的影响,徐航天(Xu,2017)经推导将$\lambda_{M,i}$参数转化为这一省份内高铁枢纽站个数的线性方程:

$$\ln\lambda_{M,i} = \begin{cases} a+b\times N_i^{HSR}, & if\ i\in P \\ a_w, & if\ i\ is\ ROW \end{cases} \quad (3-9)$$

其中,a代表全国层面初始的平均外包能力,b代表因为高铁多连一个城市所提高的外包能力。上式可以看出,高铁开通带来的企业间匹配效率的提高使企业能够找到更多的供应商,进而降低边际生产成本,提高企业效率。

为了阐述高铁开通对不同类型劳动力流动以及工资水平的影响,本书进一步构建了简易模型。模型中假设有两个城市:一个为中心城市(如北京),另一个为外围中小城市(如河北省廊坊市)。两个经济部门:一个生产同质性的产品H,另一个生产差异化产品D。根据克鲁格曼理论(Krugman,1991),我们假设中小城市生产同质性的产品H,生产同质性的产品H需要特定要素的低技能劳动力和高技能劳动力。中心城市则生产差异化产品D,需要特定要素的资本和高技能劳动力。柯布-道格拉斯效用函数表示为:

$$\mu = D^\beta H^{1-\beta} \quad (3-10)$$

以p表示产品D与产品H的相对价格,则效用函数最大化$p=\beta H/(1-\beta)D$。生产部门中高技能劳动力的总数为固定值$L=L^c+L^p$。由于规模报酬递增,假设中心城市劳动力工资(W^c)高于外围中心劳动力工资(W^p),那么外围中小城市劳动力将有意愿到中心城市工作,以求获取更高工资。但是,考虑到迁移成本和户口制度限制,我们假设低技能劳动力(如建筑工人)不会迁移至大城市;只有一小部分高技能劳动力(ρ)会选择迁移至中心城市,但是也面临迁移成本,包括交通的时间成本、外地的起居成本、找工作成本等。因此,外围中小城市的高技能劳动力(L^p)将面临三种类型选择:(1)留在大城市;(2)在大城市工作,但是经常往返于大城市和外围中小城市之间;(3)留在外围中小城市。L^{p-c} 表示由外围中小城市可迁移至中心城市的高技能劳动力数目,那么 ρL^{p-c} 为第一种类型,$(1-\rho)L^{p-c}$ 为第二种类型,(L^p-L^{p-c}) 为第三种类型。

第一种类型高技能劳动力工资为 W^c,第二种类型工人工资为 $\delta W^p(W^c > \delta W^p)$。其中,$\delta$ 为常数系数,反映性别、年龄、偏好等差异,通常大于1。基于上述设定,迁移工作的预期工资可表示为:

$$Ex(Wage^{p-c}) = \rho W^c + (1-\rho)\delta W^p \quad\quad (3-11)$$

其中,W^c 为中心城市常住居民数量($L^c + \rho L^{p-c}$)和临时工人数量($1-\rho)L^{p-c}$ 加权的函数。如前文所述,高技能劳动力迁移面临迁移成本 T。因此,外围中小城市高技能劳动力是否迁移至大城市,取决于 $\rho W^c + (1-\rho)\delta W^p - T$ 和 W^p 的大小。均衡成本表示为:

$$T^* = \rho W^c + (1-\rho)\delta W^p - W^p \quad\quad (3-12)$$

高铁开通显著降低了旅客的通勤时间,提高了信息检索和寻求工作机会的效率。当高铁开通后满足 $T < T^*$,高技能劳动力将不断由外围中小城市迁移至中心城市(第一种和第二种类型),直至达到二次均衡。可见,高铁开通利于高技能劳动力流动和迁移,提高企业间匹配效率,促进外包,增加企业出口。并且,高铁开通对不同人群收入存在差异化影响。这与林娅堂(Lin,2017)针对高铁的调查结果相一致,高铁主要为高收入人群(月薪 4 300～6 700 元)的出行方式选择,并且出行目的大部分为商务出行。

此外,如前文所述,高铁作为交通基础设施的重要组成部分,其强大的旅客运输能力可能通过释放其他交通方式的货运运能影响可变贸易成本。长期以来,货运列车要向具有运行速度的旅客列车让位,使得繁忙铁路线上的货物运输效率低下。高铁建成后,承担了越来越多的客运需求,释放的其他普通铁路和高速公路的客运运能将可能转变为货物运输,改善货运效率。徐利民(2012)指出高铁对既有线部分旅客列车分流后,将会大大提升原有铁路线的货物运输速度、货物运输服务能力和服务质量。铁路的通过能力一般通过扣除系数来测算,指的是运行一对或一列旅客列车、货运列车以及摘挂列车,应在平行运行图上扣除的货运列车对数或列数。它参照平行运行图的通过能力,通过折算非平行运行途中每运行1列客运列车需要扣除的货运列车数量,进一步得出非平行运行图的通过能力。黄文影(2015)用扣除系数法分析哈大高铁建成运营释放的铁路货运能力,结果显示新增的货物运输能力为6 570万吨/年,即原有线路的货物运输能力得到了较大提升。孙培愿(2012)通过测算武广高铁开通使既有线货运能力的增长(约2 012万吨),说明了高铁能促使铁路货运能力大幅提升,带动沿线经济的快速发展,使现代物流趋于合理和高效。嵇昊威和赵媛(2014)估算了长三角高铁网络建成后原有铁路运输线路的运能会逐步得到释放。此外,相比公路运输,高铁的优势在于不受交通堵塞影响,运输环境更加稳妥安全快速;除极端天气外,高铁的准点率较高。高铁强大的运客能力,可能利于公路的运能释放。帕祖尔和梅勒(Pazour and Meller,2009)提出高铁开通能够疏散公路客运和货物运输,从而减少美国高速公路的拥堵状况。

综上所述,本书通过梳理既往文献和构建简易模型,归纳了高铁开通对企业出口影响的研究框架(图3-2):一方面,高铁开通促进高技能劳动力迁移,提高企业间匹配效率,降低固定贸易成本,促进企业出口;另一方面,高铁开通可能释放货运运能降低运输成本,通过降低可变贸易成本,促进企业出口。本书基于高铁开通数据和企业出口微观层面数据,采用双重差分方法,以"最小生成树"作为工具变量解决内生性问题,来探究高铁开通对企业出口的影响。基于贸易成本变动视角探究高铁开通对企业出口影响的内在机制。本书不仅填补了高铁对企业出口研究的空白,并且从理论机制给予了新的解释。研究结果对高铁建设、企业出口策略、均衡区域平衡有重要的理论价值和现实意义。

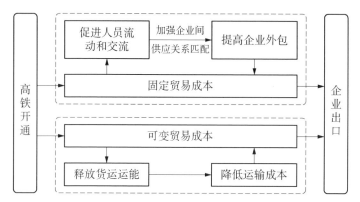

图 3-2　中国高铁、贸易成本与企业出口的研究框架

第四章　中国高铁对企业出口的实证研究

前文分析发现高铁开通可能通过降低贸易成本，进而促进企业出口。本章中我们在整理和描述相关数据和实证策略的基础上，通过双重差分方法实证检验高铁开通对企业出口的影响。进一步，以事件分析法验证平行假设、以"最小生成树"作为工具变量解决内生性问题、以多种稳健性检验方法增强回归结果的稳健性。最后对本章进行总结。

第一节　数据来源与处理

一、中国高铁数据

中国高铁数据主要来自《中国铁道年鉴》、中国铁路总公司网站、中华人民共和国国家铁路管理局等新闻报道或公告中的文本信息资料，以搜集关于高铁线路的规划修建时间、开通时间等信息。具体到各城市内高铁车站站点的信息，从铁道部 12306 网站和"去哪儿"网获得（由于研究的是地级市层面，在一个地级市范围内的所有停靠站点都统计在这一城市名下）。此外，结合所有高铁站点和城市中心的经纬度、百度地图开放平台的经纬度数据，利用 Arc-GIS10.2 计算得到距离城市中心最近的高铁站的距离，来探究高铁选址对企业出口的辐射和影响半径。

二、微观企业数据

微观企业数据主要来自国家统计局的中国工业企业数据库。该数据库提供了 2000—2011 年全部的国有企业以及年销售额在 500 万元以上的非国有企业的详细信息，包括企业的成立年份、所在地理位置、所属行业、工业总产值、总销售额等上百个变量。在使用中国工业企业数据库之前,本书参考既往学者的处理方法对数据进行了如下处理:(1)由于部分样本企业的法人代码发生了改变,本书参考勃兰特等(Brandt et al.,2012)的方法,采用企业的法人代码、企业名称、法人名称、地区代码、行业代码、成立年份、地址和主要产品名称构建新的面板数据,并生成了新的企业识别代码;(2)参考勃兰特等(2012)的做法,删除企业员工少于 8 人的观测样本;(3)参考蔡宏斌等(Cai et al.,2009)的做法,删除缺少总资产、净固定资产、销售额、工业总产值的企业样本;(4)参考芬斯特拉等(Feenstra et al.,2014)的做法,删除不符合一般公认会计准则(GAAP)的样本,即流动资产大于总资产,总固定资产大于总资产,以及删除没有识别编号的企业或成立时间无效的企业;(5)由于我国在 2003 年采用了新的行业分类代码,本书根据勃兰特等(2012)的做法,按照新的行业分类代码对企业数据进行了标准化统一;(6)中国工业企业数据库缺失 2004 年的工业总产值,本书采用2004 年经济普查数据库中的工业总产值进行填补。同时,考虑到自然资源在矿产、石油等资源性行业中有重要作用,考虑到烟草、废物回收处理以及水电煤气生产供应的垄断性和不可贸易性,本书将剔除这些行业,对制造业行业进行分析。

三、海关数据

海关数据来自中华人民共和国海关总署,主要用以描述贸易产品层面的数据。这一数据库以 HS8 位数字编码为标记,记录了进行国际贸易的企业每一笔进出口贸易的详细信息,包括交易价格、数量、重量、价值、出口目的地国家、运输方式等。为了匹配海关数据与工业企业数据,我们首先按年对各企业的海关数据进行加总,然后根据企业名称进行匹配。最终,总计匹配了 573 078 个观测值,约占海关数据库的 24.22%,包括135 402 家企业,约占海关数据库企业数的 25.07%,匹配上的海关数据出口额(按当年汇率折算)约占当年工业企业数据中出口交货值的 40%左右,与既往余淼杰(Yu,2014)、李兵等(2016)等研究中的匹配数据质量相近。

四、矢量数据

矢量数据主要来自中国地理空间数据云——DEM 数字高程数据[1]、中国行政区划矢量图[2]以及 2000—2011 年历年的中国交通地图册。该部分数据一是用于图形化呈现路线网络,二是用于工具变量的构建。借鉴费伯(Faber,2014)对高速公路工具变量的构建原理,本书构建"最小生成树"作为中国高铁的工具变量,基于以下两点:(1)地理开发成本问题对高速公路或高铁而言同样重要。地理开发成本多是由地形地貌等地理性的因素决定,属于既定现实。费伯(Faber,2014)认为"在排除规划者对地区经济基础的考虑时,高速公路修建的具体路线走向,地理开发成本的高低理论上应该是决定路线走向的重要依据"。即以地理开发成本为准则,可以有效地降低规划者偏向经济发达地区而带来的内生性问题。(2)高铁与高速公路规划具有相似性。两者都有政策上的目标城市[3]——行政中心和人口密集城市,这意味着高铁的修建与高速公路的修建具有很高的可比性。因而,"利用地理信息来构建工具变量以减小内生性问题"的思路对高铁同样适用。"最小生成树"的具体构建过程详见下文。

五、区域经济数据

《中国城市统计年鉴》中地级市层面数据,涉及农业、服务业、人口、不同部门的就业、平均工资、固定资产投资以及地方政府的财政收支等内容。部分年份的缺失值,如工业产出、公路、铁路等内容,由《中国区域经济统计年鉴》进行

---

[1] 来自中国科学院计算机网络信息中心的开放数据平台,http://www.gscloud.cn/。DEM(Digital Elevation Model)数据,是通过有限的地形高程数据实现对地面地形的数字化模拟,一般认为描述包括高程在内的各种地貌因子,如坡度、坡向、坡度变化率等。全球的 DEM 数据(SRTM),可以在空间信息联盟(Consortium for Spatial Information)获得,http://srtm.csi.cgiar.org/SELECTION/inputCoord.asp。

[2] 来自国家测绘地理信息局网站,http://bzdt.nasg.gov.cn/index.jsp。

[3] 国家公路网规划(2013—2030 年)指出规划目的为"国家高速公路全面连接地级行政中心,城镇人口超过 20 万的中等及以上城市,重要交通枢纽和重要边境口岸"。中长期铁路网规划(2016)指出"高速铁路网连接主要城市群,基本连接省会城市和其他 50 万人口以上大中城市,形成以特大城市为中心覆盖全国、以省会城市为支点覆盖周边的高速铁路网"。

补充。本书使用地级市层面数据用以控制城市固定效应。

表4-1报告的是本书中主要变量的描述性统计结果。

表4-1　高铁开通对企业出口实证研究中主要变量的描述性统计

主要变量	变量相关说明	平均值	标准差	最大值	最小值
出口值	出口值取对数	2.066	4.843	24.75	0
是否开通高铁	所在城市通高铁取1,未通取0	0.109	0.312	1	0
国内生产总值	地区生产总值取对数	16.47	1.151	19.06	10.39
人口规模	地区人口取对数	6.261	0.651	8.049	2.079
是否有机场	所在城市有机场取1,无机场取0	0.589	0.492	1	0
高速公路密度	公路里程(公里)/土地面积(平方公里)再取对数	−0.217	0.631	2.428	−5.672
是否有普通铁路	所在城市有普通铁路取1,无普通铁路取0	0.940	0.238	1	0
企业规模	企业总资产取对数	9.862	1.398	18.99	0
企业年龄	企业成立至观测值所在年份的年数	9.534	9.543	62	0
劳动生产率	人均工业总产值取对数	5.440	1.125	12.82	−6.628

第二节　实证研究策略

一、回归模型

本研究为了实证检验高铁对企业出口的影响,借鉴林娅堂(Lin, 2017)使用的模型,构建如下回归模型:

$$\ln(Export\ value)_{ijcpt} = \lambda_1 HSR_{cpt} + \lambda_2 Z_{cpt} + \lambda_3 V_{ijcpt} + \delta_i + \delta_{pt} + \delta_{jt} + u_{ijcpt}$$

$$(4-1)$$

其中,$\ln(Export\ value)_{ijcpt}$ 表示位于省份 p 城市 c 行业 j 中企业 i 在 t 年时的出口价值。HSR_{cpt} 为我们关心的主要解释变量,表示省份 p 城市 c 在 t 年开通高铁取 1,否则取 0。λ_1 为本书核心解释变量的估计系数,如果 $\lambda_1 > 0$ 且显著,则表明高铁开通正向促进企业出口,反之则负向影响企业出口。Z_{cpt} 为城市层面控制变量,包括城市 GDP、城市人口、是否存在机场、高速公路密度等城市层面的特征变量,用以控制城市层面的其他因素产生的影响。V_{ijcpt} 为企业层面控制变量,包括企业规模、企业年龄和企业劳动生产率,用以控制其他企业因素产生的影响。δ_i 是企业固定效应,实际上当企业所在的城市不随时间变化时,控制了企业固定效应后,城市固定效应就自动控制了。δ_{pt} 是省份—时间固定效应、δ_{jt} 是行业—时间固定效应,用以控制地区和行业层面的时间趋势。此外,由于我们的主要变化来自城市—时间层面,为了控制潜在的异方差和空间相关问题,本书参考伯特兰等(Bertrand et al.,2004)的做法,将标准差在城市—时间层面进行聚类调整。

实证检验中,本书首先构建了双重差分模型来考察高铁开通对企业出口的影响,并控制企业及城市特征因素、企业固定效应、省份—时间固定效应和行业—时间固定效应尽可能解决内生性问题。对于城市层面,由遗漏变量和测量误差所致的内生性问题,我们以“最小生成树”作为高铁开通的工具变量来解决。其次,我们采用 PPML 方法、Truncreg 模型、计划修建高铁数据、生产率替代指标、分时间段亚组回归等方法进行稳健性检验。最后,通过构造并测算“市场准入”来刻画贸易成本,探究高铁开通对企业出口结构的影响。

二、“最小生成树”构建

(一) 数据来源

本研究中“最小生成树”所用原始数据由美国太空总署(NASA)和国防部国家测绘局(NIMA)联合测量得到,是精度 90 米的高程数据(Shuttle Radar Topography Mission,SRTM),来自中国地理空间数据云(DEM 数字高程数据)。SRTM 数据是每经纬度方格提供一个文件的雷达影像数据,精度有 1 arc-second 和 3 arc-seconds 两种,称作 SRTM1 和 SRTM3(或 30 米和 90 米数据)。SRTM1 包含 3 600×3 600 个采样点的高度数据,SRTM3 包含 1 200×1 200 个采样点。目前能够获取中国境内的 SRTM 文件,是 90 米的数据,每个 90 米的数据点是由 9 个 30 米的数据点算术平均得来的。进一步处理制成了数字地形高程模型(DEM),即现在的 SRTM 地形产品数据。DEM 的应用包括:坡度(Slope)、坡向(Aspect)、提取等高线、算地形表面的阴影图、可视性分析、地形剖面、水文分析等等。

(二)"最小生成树"绘制

本书中工具变量"最小生成树"的具体构建逻辑过程如下图所示:

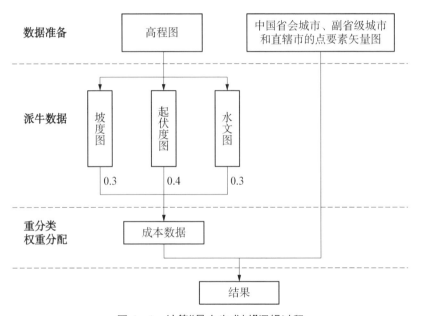

图 4-1　计算"最小生成树"逻辑过程

首先,将高程数据导入 Arc‐GIS10.2,依次进行"镶嵌"(Arc Toolbox — Data Management Tools — Raster — Raster Dataset — Mosaic)(图 4‐2)、"裁剪"(Arc Toolbox — Analysis Tool — Extract — Clip)(图 4‐3)和坐标调整等预处理,得到"中国高程图"。

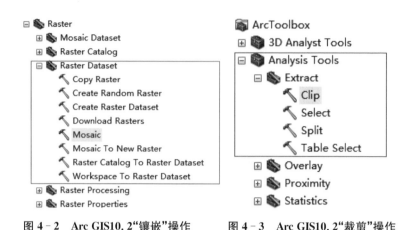

图 4‑2　Arc GIS10.2"镶嵌"操作　　　图 4‑3　Arc GIS10.2"裁剪"操作

其次,利用数据管理工具(Arc Toolbox — Data Management Tool — Raster — Raster Properties — Calculate Statistics)从原始数据中提取各单元格(cell size,是栅格文件的最小单元)的水文信息($water_i$)、坡度信息($slope_i$)和起伏度信息($grads_i$)。 最终成本数据集为合并坡度和起伏度之后的成本,再加上河流(水文)的影响。

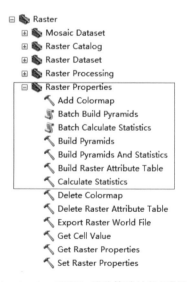

图 4‑4　Arc GIS10.2"计算统计数据"操作

（1）坡度成本数据集获取：Arc Toolbox — Spatial Analyst — Surface — Slope。对运算生成的 Slope 数据层，再进行重分类：采用等间距分为 10 级，最小一级为 1，最大一级为 10，从而得到最终的坡度成本数据。（2）起伏度成本数据集获取：Arc Toolbox — Spatial Analyst — Neighborhood Statistic — Block，生成起伏度数据层。然后，选择重分类命令，同样按 10 级等间距实施，地形越起伏，级数赋值越高，最小一级赋值 1，最大一级赋值为 10。（3）水文成本数据集获取：Arc Toolbox — Spatial Analyst — Hydrology — Flow Accumulation，得到流水累积量栅格，再进行重分类，生成河流成本。

再次，利用空间分析模块中的"栅格计算器"（Arc Toolbox — Spatial Analyst — Map Algebra — Raster Calculator），按给定的地理开发成本公式（4-2）（汤国安和杨昕，2012）计算得出地图上每个单元格的地理开发成本：

$$cost_i = 0.3water_i + 0.4slope_i + 0.3grads_i \qquad (4-2)$$

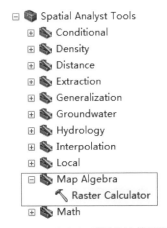

图 4-5　Arc GIS10.2"栅格计算器"操作

最后，再次调用 Arc-GIS 中的空间分析模块（Arc Toolbox — Spatial Analyst Tools — Distance — Cost Path），在"cost path"命令下给定输入：（1）靶点城市为所有"中心城市"（省会、副省级和直辖市）；（2）上一步处理得到的所有单元格的开发成本的信息。运行后输出,运行后便可得到按"地理开发成本最低原则"的成本路径网络。将此栅格数据导出,便得到各地级市是否"该"开通高铁的虚拟变量(0—1),以此为高铁开通的工具变量。

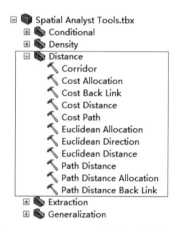

图 4 - 6　Arc GIS10. 2"成本路径"操作

第三节　中国高铁对企业出口影响的实证结果

一、基准回归结果

表 4 - 2 报告了高铁对企业出口影响的基准回归结果,模型(2)—(4)中依次对企业固定效应、行业—时间固定效应、省份—时间固定效应进行控制。模型(4)为最终回归结果,显示高铁的回归系数显著为正,值为 0.12,提示当其他条件不变时,相比于未开通高铁城市,开通高铁城市的企业出口提高了12.7%[①]。实证结果与前文的理论分析的结果相一致,即高铁开通促进了企业

---

① 由于被解释变量为处理组和控制组企业出口的双重差分,本书中回归系数的反对数 e^{λ_1},其经济含义是,当其他条件不变时,高铁开通带来处理组相对于控制组企业出口水平增加的倍数。相应地,$(e^{\lambda_1}-1)$ 反映了高铁开通带来处理组企业出口水平的变化情况,即开通高铁城市的企业出口提高了 12.7% $(e^{0.12}-1=0.127)$。

出口。其通过提高企业间匹配效率、释放货运运能进而影响贸易成本的内在机制将在下一章节中进行详细阐述。此外,模型中一些城市特征因素包括人口、GDP等,以及企业特征因素如企业规模、企业年龄等对企业出口均产生正向影响,提示模型设置的合理性。对于模型中不可避免的潜在内生性问题我们在下文中进行了详细阐述和处理。

表4-2 高铁对企业出口影响的基准回归结果

	(1)	(2)	(3)	(4)
	出口取对数	出口取对数	出口取对数	出口取对数
是否开通高铁	0.0389***	0.0549***	0.157***	0.120***
	(3.93)	(5.30)	(13.69)	(9.38)
是否有机场	−0.103***	−0.476***	−0.207***	−0.178***
	(−9.14)	(−16.79)	(−7.33)	(−5.87)
高速公路密度	0.0216***	−0.0419***	−0.0531***	0.0392***
	(3.17)	(−5.28)	(−5.18)	(2.89)
是否有普通铁路	−0.0885***	0.257***	0.0933***	−0.0631***
	(−6.25)	(13.76)	(4.98)	(−3.18)
国内生产总值	0.823***	0.849***	−0.0410*	0.275***
	(132.04)	(85.99)	(−1.93)	(11.17)
人口规模	−0.730***	0.401***	0.497***	0.265***
	(−63.19)	(7.03)	(8.75)	(4.37)
企业规模	0.393***	0.195***	0.236***	0.229***
	(119.97)	(41.60)	(47.03)	(45.54)
企业年龄	−0.00190***	0.00757***	0.00375***	0.00221***
	(−4.52)	(12.72)	(6.32)	(3.72)
劳动生产率	−0.120***	0.00213	0.0121***	0.0546***
	(−34.52)	(0.50)	(2.80)	(12.50)
企业固定效应	否	是	是	是
行业—时间固定效应	否	否	是	是
省份—时间固定效应	否	否	否	是
观测值	1 657 214	1 588 702	1 588 701	1 588 701
R^2	0.0279	0.775	0.782	0.784

注:括号中为稳健聚类(城市—年份层面)的T值。* $p<0.1$,** $p<0.05$,*** $p<0.01$。

二、事件分析法

进行双重差分估计的前提假设是开通高铁城市和未通高铁城市企业出口的平行趋势。为了验证平行趋势,我们参考徐航天(Xu,2017)的方法在式(4-2)的基础上加入了高铁连接的前项和后项虚拟变量:

$$\ln(Export\ value)_{ijcpt} = \sum_{m=1}^{3}\lambda_m FirstHSR_{c,p,t-m} + \sum_{n=0}^{4}\lambda_n FirstHSR_{c,p,t+n} + \lambda_2 Z_{cpt} + \lambda_3 V_{ijcpt} + \delta_i + \delta_{pt} + \delta_{jt} + u_{ijcpt}$$

$$(4-3)$$

其中,$FirstHSR_{c,p,t}$ 是一个虚拟变量,表示省份 p 城市 c 在 t 年是否为第一次开通高铁,$FirstHSR_{c,p,t-m}$ 表示第 m 期的前项,$FirstHSR_{c,p,t+n}$ 表示第 n 期的滞后项。前项是为了检验高铁开通前的效应,用于验证平行假设。滞后项用于识别高铁开通后的影响。图4-7呈现的是高铁开通对企业出口影响的事件分析法结果。图中可以看出,高铁开通前对企业出口的影响均不显著,而高铁开通后对企业出口产生显著正向影响,即高铁开通不存在预期效应,满足平行假设。

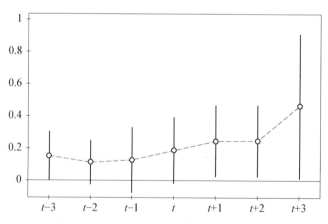

图4-7 高铁对企业出口的事件分析法结果
注:图中线条表示点估计值±1.96倍的标准误。

三、内生性问题处理

本书中,内生性问题主要来自高铁修建的非随机性。已有文献指出,那些经济发展基础较好的地区往往更容易连接交通基础设施,关于高铁的路线规划亦是如此(王姣娥等,2014;戴学珍等,2016)。我们借鉴刘丹等(Liu et al.,2017)控制省份—时间固定效应和行业—时间固定效应,以控制地区和行业层面的时间趋势。由于高铁开通为城市层面数据,无法控制城市—时间固定效应,我们进一步控制了城市层面相关特征,尽量减少由于城市特征所致的内生性问题。

对于回归模型不能解决的由测量误差和遗漏变量所致的内生性问题,我们进一步采用工具变量法进行解决(Redding and Turner,2015[①])。本书参考费伯(Faber,2014)构建高速公路工具变量的思路,利用空间地理信息计算建设交通基础设施的开发成本,并以开发成本决定一个城市是否"该"通高铁为工具变量。除了同为现代交通运输方式,高速公路与高铁的可比性,还体现在国家规划中这二者有着较高相似性的目标城市[②]。简而言之,基于地理信息的这一变量,可以影响高铁的规划[③],但又不会受规划者倾向的影响,因而满足工具变量

---

① 雷丁和特纳(Redding and Turner,2015)梳理概括了三类交通基础设施工具变量的选择策略:从规划图和规划文本中找准随机变量、从历史性路线中找准随机变量、找"意料之外"的布局方式。本书借鉴费伯(Faber,2014)基于地理信息构建工具变量的方式,应该属于第三种"意料之外"的布局方式的一种。

② 高速公路:全面连接地级行政中心,城镇人口超过20万人的中等及以上城市,重要交通枢纽和重要边境口岸(《国家公路网规划(2010年—2030年)》)。高铁:连接主要城市群,基本连接省会城市和其他50万人口以上大中城市(《中长期铁路网规划(2016年)》)。

③ 建造成本并不是决定路线的唯一因素,还存在其他的影响因素,如:交通运输成本、维护保养成本、交通事故、旅客出行时间、污染和噪音等环境因素、稳定性以及相较于其他交通运输的时间节约等等。虽然没有直接的证据显示高铁路线规划仅仅取决于建造成本,但一些现实案例能对此进行一定的补充说明。首先,工具变量的计算需要一个靶点城市,这些靶点城市的概念正好与规划中描述的有待被连入高铁网络的区域中心城市相契合。此外,已有研究显示,除高铁站外运行高铁的成本在8 000万~12 000万元/公里(约1 300万~2 000万美元)(Bullock et al.,2012)。再考虑工程施工的困难度,根据中国铁路设计院工程师介绍,"铁路选线设计"目的是找出并争取两个有待连接城市之间的技术经济最优方案(http://www.sohu.com/a/132907706_648458)。因此,决定建造(转下页)

"相关性"和"外生性"的要求。因此,借鉴费伯(Faber,2014)来构建高铁的工具变量是适用和可行的。关于工具变量的具体计算过程在上文"数据来源"部分作了较为详细的描述。有两点需要补充说明:第一,由于构造的工具变量取决于地理信息数据,不随时间变动,因此本书选取样本最后一年(2011 年)来对工具变量的结果进行回归;第二,由于构造工具变量需要选择相应的靶点城市,本书根据高铁的规划将省会城市作为靶点城市,来构造外围城市开通高铁的工具变量①。表 4-3 呈现的是工具变量的回归结果,其中由第(2)列的结果显示第一阶段 Kleibergen-Paap rk Wald F 值 19.128②,大于斯塔格和斯科特(Staiger and Stock,1997)提出的相关工具变量一阶段 10 的经验值,因而拒绝弱工具变量的假设,表明了工具变量的有效性。工具变量法的回归结果显示高铁对企业出口的影响系数仍显著为正,提示了上文结果的稳健。

表 4-3 高铁对企业出口影响的工具变量法结果

	(1) 出口值取对数	(2) 是否开通高铁工具变量一阶段回归
是否开通高铁	0.602***	
	(6.75)	
工具变量("最小生成树")		0.339***
		(3.61)
是否有机场	0.0561*	0.0188
	(1.76)	(0.20)
高速公路密度	0.366***	0.182**
	(5.28)	(2.27)
是否有普通铁路	-0.624***	0.0108

(接上页)成本的地形、地貌、环境敏感、是否为矿区等信息都需要全面收集和考量,并且在实际决策过程中其中的地理信息确实有举足轻重的作用。

① 我们还尝试将省会城市、直辖市和其他 50 万人口以上大中城市作为靶点城市来构造工具变量,得到了非常相近的实证回归结果(感兴趣的读者可以向作者索取)。

② 根据斯托克和约戈(Stock and Yogo,2002)的研究可得,关键的检验指标不是 Cragg-Donaldson(1993)的 F 值,更加可靠的是 Kleibergen-Paap rk Wald F 值。

	(1) 出口值取对数	(2) 是否开通高铁工具变量一阶段回归
	(-4.88)	(0.11)
国内生产总值	0.678***	0.174***
	(18.44)	(3.17)
人口规模	-0.505***	0.049 4
	(-13.25)	(0.61)
企业规模	1.069***	0.007 17
	(74.37)	(1.04)
企业年龄	-0.010 4***	0.000 457
	(-5.08)	(0.51)
劳动生产率	0.734***	-0.026 7
	(46.04)	(-1.46)
常数项	-12.27***	-2.940***
	(-20.30)	(-3.42)
观测值	139 484	139 484
Kleibergen-Paap F 统计值		19.128

注:同表 4-2。

四、稳健性检验

结合既往文献的处理和本研究的研究目标,本书采取了多种方法检验基准回归结论的稳健性。

(一) 企业出口的替代指标

基准回归结果中使用匹配海关后的出口价值取对数作为企业出口的指标。为了检验结果的稳健性,我们进一步结合既往文献使用人均出口规模交货值作为企业出口规模指标,进行回归分析(文雁兵和陆雪琴,2018;李兵等,2016;陈钊和熊瑞祥,2015)。结果见表 4-4 的第(1)列,高铁正向影响企业出口的结果依然稳健。

(二) PPML 方法

本研究中,存在很多企业出口为零的情况。席尔瓦和泰纳里罗(Silva and

Tenreryro，2006)指出如果存在异方差性或是零值的选项,采用"对数线性模型"估计弹性时会产生显著的偏误。为此,我们进一步采用了泊松极大似然模型(Poisson Pseudo-Maximum Likelihood Model，PPML)进行稳健性检验。结果见表 4 - 4 的第(2)列,高铁正向影响企业出口的结果依然稳健。

（三） Truncreg 模型

如前文所述,本书实证回归使用的是中国工业企业数据库,但是其中有近75%的企业并没有进行出口,为了处理存在零出口企业(即出口值为 0)的断尾随机变量问题,基于张国峰等(2016)和王永进和黄青(2017)的研究,我们采用了断尾回归模型估计代替基准回归的普通最小二乘法估计。回归结果见表 4 - 4 第(3)列,发现其与基准回归结果基本保持一致,再次印证了结论的稳健。

（四） 计划修建高铁数据进行安慰剂检验

在基准回归中,自变量"是否开通高铁"(HSR)是在某城市高铁建成通车后取为 1,否则为 0。但是,考虑到高铁修建需要时间,可能在正式确定修建高铁之时起,高铁的出口效应就已经开始出现。因此,我们以"计划修建高铁"数据代替"高铁建成通车"数据进行稳健性检验。计划修建数据,指国家发展和改革委员会批复同意修建途经某一城市的高铁线路(从批复修建这一年开始该城市高铁变量取作 1)。不难发现,这种以计划通高铁代替实际通高铁的处理,可以近似地理解为安慰剂检验(Placebo Test)。回归结果呈现于表 4 - 4 第(4)列,我们发现计划修建高铁对企业出口的影响并不显著,即不存在高铁开通前的提前效应。

（五） 生产率替代指标

基准回归结果显示企业生产率是影响企业出口的重要因素。鉴于衡量企业生产率的方法多样,我们采用另一种测量方法——全要素生产率(Total Factor Productivity，TFP)对企业生产率进行刻画,以检验结果的稳健性。由于 ACF 方法(Ackerberg，Caves and Frazer，2006)解决了以投资额作为代理变量的 OP(Olley and Pakes，1996)和以中间投入品作为代理变量的 LP(Levinsohn and Petrin，2003)方法中第一阶段估计的多重共线性问题,因而被越来越多地运用在企业层面的 TFP 估计中。由于 2008—2011 年的中国工业企业数据库中"工业增加值"和"中间品"变量缺失,本书借鉴唐宜红和姚曦 (2017) 的方法用国家投入产出表计算出不同行业增加值与总产出的比率,称为增加值率,并将该比率赋予该行业的所有企业,估算出每个企业的增加值。具体地,国家投入产出表每五年公布一次,本书使用了 2007 年和 2012 年的投入产出表,其中 2008、2009 年的增加值率通过 2007 年投入产出表计算,而 2010、2011 年的增加值率通过 2012 年投入产出表计算。进而,本书使用 ACF 方法估计增加值生产函数,并使用中间品作为代理变量,最大程度保留了观测值。使用生产率替代指标的回归结果见表 4 - 4 第(5)列,结果与基准回归的一致。

表 4 - 4 PPML 方法、Truncreg 模型、计划开通高铁、调整生产率指标的稳健性检验

	(1) 出口值 取对数 OLS 回归	(2) 出口值 取对数 PPML 回归	(3) 出口值 取对数 Truncreg 回归	(4) 出口值 取对数 OLS 回归	(5) 出口值 取对数 OLS 回归
是否开通高铁	0.113***	0.030 5***	0.192***		0.195**
	(10.68)	(3.68)	(10.63)		(1.99)
计划开通高铁				0.067 9	
				(0.74)	
是否有机场	0.002 04	0.048 1	−0.001 76	−0.199**	−0.139
	(0.04)	(0.43)	(−0.01)	(−2.42)	(−1.26)
高速公路密度	−0.029 4	0.174**	0.189	0.042 7	0.017 8
	(−0.82)	(2.22)	(1.39)	(0.86)	(0.35)
是否有普通铁路	0.054 2	−0.349***	−0.629***	−0.022 4	−0.039 4
	(0.56)	(−3.17)	(−2.82)	(−0.25)	(−0.27)
国内生产总值	0.204*	0.425***	0.885***	0.287	0.078 1
	(1.89)	(6.47)	(6.00)	(1.18)	(0.74)
人口规模	0.104	−0.322***	−0.759***	0.270	0.370
	(0.34)	(−3.91)	(−3.26)	(0.99)	(1.48)
企业规模	0.342***	0.342***	0.700***	0.228***	0.310***
	(11.48)	(25.38)	(13.59)	(7.70)	(7.24)

	(1) 出口值 取对数 OLS 回归	(2) 出口值 取对数 PPML 回归	(3) 出口值 取对数 Truncreg 回归	(4) 出口值 取对数 OLS 回归	(5) 出口值 取对数 OLS 回归
企业年龄	0.002 92**	−0.014 8***	−0.024 1***	0.002 23*	−0.000 701
	(2.35)	(−10.76)	(−10.52)	(1.94)	(−0.37)
劳动生产率	0.148***	0.229***	0.442***	0.054 4***	
	(8.49)	(16.79)	(8.69)	(4.29)	
全要素生产 率_ACF 法测算					0.062 0***
					(4.26)
企业固定效应	是	是	是	是	是
行业—时间 固定效应	是	是	是	是	是
省份—时间 固定效应	是	是	是	是	是
观测值	1 588 702	1 572 534	1 572 534	1 501 406	717 724
R^2	0.826	0.115		0.799	0.848

注:同表 4 - 2。

(六) 删除 2010 年样本

根据既往文献,中国工业企业数据库 2010 年数据存在严重的错误和内容缺失(谭语嫣等,2017)。本书中,考虑到关于中国工业企业数据库 2010 年数据的问题,我们把 2010 年数据删除后进行回归。表 4 - 5 第(1)列显示高铁对企业出口的促进作用依然成立。

(七) 不同时间段的样本

探究高铁的企业出口效应,本书采用的数据样本窗口为 2000—2011 年。其中,中国高铁数据始于 2008 年,并且在样本期间还发生了诸多对贸易有显著影响的历史性事件,如 2001 年加入世界贸易组织、2008 年金融危机等。虽然在回归模型中我们控制了行业—时间固定效应、省份—时间固定效应等随时间和不随时间改变的因素,为了进一步明确样本窗口的选择是否会对本书所关注的高铁开通与企业出口的因果关系产生影响,我们将研究样本按不同时间段拆分为分样本(2007—2011 年;2001、2003、2005、2007、2009、2011 年;2000、2002、2005、2008、2011 年),以及将高铁开通年份增加至 2013 年进行回归①,结果报告于表 4 - 5 第(2)—(5)列,结果显示在各个样本窗口下,高铁仍然显著促进了企业出口。

表 4 - 5　删除 2010 年数据和不同时间段分样本回归的稳健性检验

时间区间	(1) 出口值 取对数 删除 2010 年	(2) 出口值 取对数 2007— 2011 年	(3) 出口值 取对数 2001、2003、 2005、2007、 2009、2011 年	(4) 出口值 取对数 2000、2002、 2005、2008、 2011 年	(5) 出口值 取对数 2000— 2013 年
是否开通高铁	0.112*	0.049 2***	0.130*	0.149*	0.109*
	(1.65)	(3.70)	(1.76)	(1.73)	(1.68)
是否有机场	−0.203**	−0.268***	−0.290**	−0.337**	−0.049 8
	(−2.04)	(−6.42)	(−2.21)	(−2.04)	(−0.39)
高速公路密度	0.036 6	0.006 52	0.027 1	0.035 5	−0.077 7*
	(0.77)	(0.20)	(0.43)	(0.40)	(−1.85)
是否有普通铁路	−0.083 2	−0.022 8	−0.050 4	−0.057 8	0.076 0
	(−0.95)	(−0.85)	(−0.42)	(−0.44)	(0.50)
国内生产总值	0.288	−0.033 9	0.730	0.934*	−0.427***
	(1.14)	(−0.40)	(1.52)	(1.73)	(−3.62)
人口规模	0.227	0.475***	0.037 2	0.285	0.303
	(0.88)	(2.93)	(0.08)	(0.52)	(0.98)
企业规模	0.263***	−0.099 6***	0.224***	0.281***	0.385***
	(8.71)	(−11.24)	(7.40)	(5.89)	(13.97)
企业年龄	0.001 73	0.002 97*	0.003 29**	0.005 56***	0.004 05***
	(1.53)	(1.80)	(2.44)	(2.84)	(3.69)

---

① 由于 2012 年和 2013 年中国工业企业数据在市面上有多个版本,考虑到严谨性问题,我们所有的结果只用到 2011 年为止,选择了来源比较可靠的 2012 年和 2013 年的数据进行了稳健性检验。

续表

时间区间	(1) 出口值 取对数 删除 2010 年	(2) 出口值 取对数 2007— 2011 年	(3) 出口值 取对数 2001、2003、 2005、2007、 2009、2011 年	(4) 出口值 取对数 2000、2002、 2005、2008、 2011 年	(5) 出口值 取对数 2000— 2013 年
劳动生产率	0.055 3***	0.092 3***	0.046 1***	0.014 8	0.130***
	(4.78)	(10.51)	(3.00)	(0.61)	(9.02)
企业固定效应	是	是	是	是	是
行业—时间固定效应	是	是	是	是	是
省份—时间固定效应	是	是	是	是	是
观测值	1 354 925	621 317	727 067	443 823	2 610 232
R^2	0.799	0.876	0.803	0.782	0.828

注：同表 4-2。

（八）独立样本数据检验

考虑到工业企业数据库中均为规模以上的大企业，可能存在样本选择偏差问题。为了更加全面地考虑不同规模、不同所有权的企业，我们用世界银行企业调查数据库（World Bank's Enterprise Surveys Database，WBESD）进行独立样本检验。在 2000—2002 年、2005 年和 2012 年，世界银行分别对中国的企业情况进行了调查，数据库中包括 12 400 个企业，涉及 30 个行业、123 个地级市（包括直辖市）不同规模、不同所有权的企业（国有企业、集体企业、合资企业、有限责任公司、股份制公司、民营企业、港澳台投资公司、外商投资公司）；内容包括公司成立年份、销售情况、企业出口强度（企业每年的海外销售占总销售额之比）等指标，为本研究提供了便利。本书使用的是 2005 年和 2012 年针对 2004 年和 2011 年的企业营商环境的调查数据。采用 DID 方法进行检验，2011 年开通高铁的城市记为 1，作为实验组；否则记为 0，作为对照组；年份在 2011 年的，post＝1；年份在 2004 年的，post＝0。交叉项 HSR×post 为核心解释变量。独立样本的稳健性检验结果呈现在表 4-6,结果依然显示高铁显著地促进企业出口。

表 4-6　高铁对企业出口影响的独立样本检验

	(1) 出口强度
高铁×是否为 2011 年	0.0688**
	(2.30)
是否有机场	0.173***
	(3.86)
高速公路密度	0.208***
	(5.60)
是否有普通铁路	0.000
	(0.00)
国内生产总值	0.131**
	(2.28)
人口规模	−0.187*
	(−1.90)
企业规模	−0.000231***
	(−3.56)
企业年龄	0.0220***
	(12.63)
劳动生产率	0.00686***
	(3.31)
行业—时间固定效应	是
省份—时间固定效应	是
城市固定效应	是
时间固定效应	是
观测值	14 519
R^2	0.536

注:同表 4-2。

"要想富、先修路",长时间以来人们都将道路建设视为致富之路。自改革开放以来,中国的交通基础设施得益于政策支持①和财政保障②发展迅猛。当前,对正处于城市化转折点的中国而言,这一阶段也是建设交通运输干线的重要战略机遇期(Ou et al.,2014)。其中,高铁的发展尤为瞩目。截至2016年底,中国高铁总里程占世界总里程60%以上,以"八纵八横"为最终目标、日趋完善的高铁网络格局,覆盖了全国177个地级城市(约占全国53%的城市)。正是由于民众普遍对"高铁会带来经济增长"的逻辑深信不疑,因此在2015年前后出现了全国多地围绕高铁走线、设站而进行的一系列"争路运动"。

随着贸易自由化的推进与互联网的发展,关税壁垒和贸易往来中基础信息的交流对贸易的阻碍效应在不断弱化,而复杂信息的交流的重要性在贸易研究中日益受到重视(Cristea,2011;Poole,2013)。复杂信息的获取,往往依赖于人与人之间面对面的交流。作为具有压缩时空作用的全国性基础设施(龙玉等,2017),高铁有效地改变了地理距离造成的时空约束条件,显著地便利了人员的流动。前文分析发现高铁开通可能降低贸易成本,进而促进企业出口。因此,本章聚焦高铁的出口效应,实证检验高铁开通对企业出口的影响。首先,本章对《中国铁道年鉴》、百度地图开放平台、中国工业企业数据库、中国地形图、全国交通地图册、《中国城市统计年鉴》、《中国区域经济统计年鉴》、中国海关数据等进行了整理和匹配。其次,借鉴林娅堂(Lin,2017)使用的模型,构建双重差分模型,考察高铁对企业出口的影响,并参考徐航天(Xu,2017)的方法,对双重差分估计进行平行趋势验证。再次,本书参考费伯(Faber,2014)构建高速公路工具变量的思路,构建了高铁的工具变量——"最小生成树"来解决基准模型不能解决的由测量误差和遗漏变量所致的内生性问题。最后,采用PPML方法、Truncreg模型、计划修建高铁数据、生产率替代指标和分时间段亚组回归等稳健性检验,确保结果的可靠性。本书研究发现:高铁开通显著地促进了企业

---

① "十三五"规划纲要指出,要按照适度超前原则,统筹各种运输方式的发展,构建便捷、安全、高效的综合运输体系。

② 2016年中国基础设施投资高达11.89万亿元(约占日本GDP的41%)。

出口,效应值为 12.7%。借鉴费伯(Faber,2014)的思路,构建计算基于地理信息的"最小生成树"作为工具变量处理内生性问题以及多种稳健性检验,回归结果与原结论一致。

本书的研究结论与国内外诸多文献从不同角度论证的高铁通过降低信息成本的机制促进经济活动相一致。如沙尔诺等(Charnoz et al.,2018)将法国高铁开通视作一个冲击,发现开通高铁显著增强了分支机构与企业总部之间的联系,提高了管理效率,带来了企业利润率的提高;伯纳德等(Bernard et al.,2019)探究日本新干线对企业生产率的影响,发现高铁为企业管理者带来了更多的面对面交流机会,从而改进了企业采购和供应效率,进而提高企业生产率和绩效水平;霍尔曼和史密德(Heuermann and Schmieder,2018)以德国高铁扩张为一个准自然实验,探究通勤时间的节约对劳动者择业和定居决策的影响,显示地区间通勤时间每降低 1% 会带来通勤者 0.25% 的增加;徐航天(Xu,2018)基于结构方程方法发现,中国高铁提高了企业间匹配效率、促使企业找到更高效更好的供应商,进而促进了地区的出口和福利的提高;董晓芳等(Dong et al.,2018)认为高技能劳动力更能从面对面交流中获益,并证实了中国高铁开通与研究论文及其引用之间的因果关系,并且随着二线城市被连入高铁,合作者生产效率随之提高、新的合作者增加。本书利用微观企业数据,从贸易的视角,丰富了相关领域的研究。在接下来的篇章中将进一步对高铁影响企业出口的内在机制进行检验。

第五章 中国高铁对企业出口影响的机制检验

诸多研究表明,交通基础设施能够降低贸易成本促进贸易(Donaldson, 2018)。然而,尽管贸易成本对出口贸易的影响已经取得了广泛的共识,既往研究往往集中于探究运输成本改变对出口的影响,较少有文献尝试讨论不同的贸易成本变动带来的(可变贸易成本和固定贸易成本)影响。我国的综合交通运输网络包括公路运输、铁路运输、水路运输、民航运输和管道运输五种运输方式。随着高铁的大规模建立,逐渐受到人们的青睐,成为我国客运体系中不可替代的运输工具。不同于以往的交通方式,高铁作为客运专线,它的独特优势表现在运载量大、安全程度高、快速准时等诸多优势。本书第三章中,通过理论研究我们发现,高铁对贸易成本的影响可能体现在以下两个方面。第一,高铁开通通过影响高技能劳动力流动,加强企业间匹配效率,通过提高企业外包、降低固有贸易成本促进了出口(Ahlfeldt and Feddersen, 2015;Bernard et al., 2019)。第二,高铁作为交通网络的重要组成部分,可能通过释放铁路、高速公路等交通方式的货物运能,通过降低可变贸易成本对企业出口产生影响(嵇昊威和赵媛,2014;Wu et al., 2014)。因此,本章将结合统计事实和实证检验深入考察高铁带来的不同贸易成本(可变贸易成本和固定贸易成本)变动,进而探究高铁促进企业出口的内在机制。首先,我们通过统计各交通方式的货运和客运情况、实证检验高铁开通对客运和货运的影响评估高铁带来的可变贸易成本改变。其次,通过实证检验高铁对不同人群就业、迁移的影响,以及构造市场准入指标测算高铁带来的固定贸易成本变动,以探究高铁开通引致的不同类型贸易成本的下降,影响企业出口的内在机制。

第一节　中国高铁与可变贸易成本变动

一、各交通运输方式运能的描述性统计

为了探究高铁通过释放铁路、高速公路货物运能进而降低可变贸易成本的机制，我们首先对各交通方式的客运量和货运量进行了描述性统计。图 5 - 1、表 5 - 1 所示对 1998—2017 年中国客运情况进行了统计，公路客运量占据绝大多数，约为 80%；其次为铁路，约为 10%；而其他交通运输方式，包括民航和水运客运量不到总客运量的 5%。有趣的是，随着 2008 年中国高铁的建立和飞速发展，铁路客运量逐渐增加，而公路客运量呈现出下降趋势，提示高铁开通通过分担公路客运负担而释放公路运能，进而降低货运成本促进贸易的可能性。因此，我们进一步统计了 1998—2017 年中国各交通运输方式各年货运情况。如图 5 - 2 所示，公路货运量占据交通运输货运量的绝大部分，约为 70%。然而，随着高铁开通，虽然公路运输的货运量呈增加趋势，但是公路货运量占总货运量比例并无明显变化。

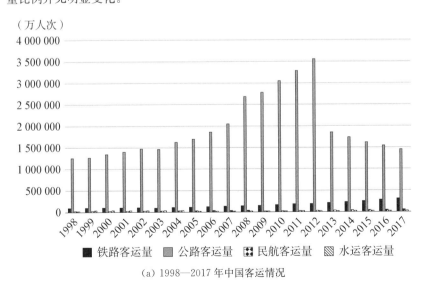

（a）1998—2017 年中国客运情况

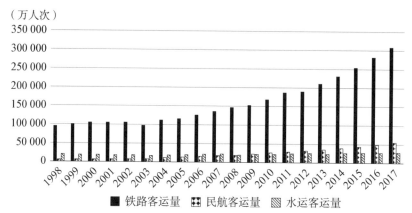

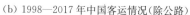

（b）1998—2017 年中国客运情况（除公路）

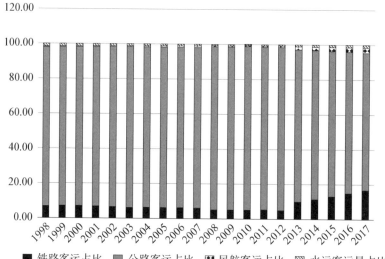

（c）1998—2017 年中国客运占比情况

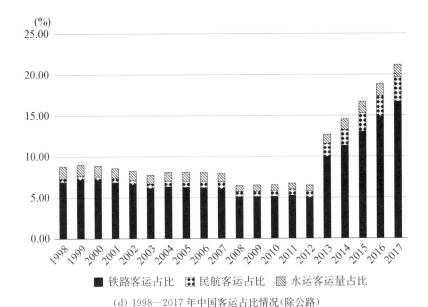

(d) 1998—2017 年中国客运占比情况(除公路)

图 5‑1　1998—2017 年中国不同交通运输方式的客运量

表 5‑1　2009—2016 年中国主要高铁线路的年旅客发送量

(百万人次)

高铁线路	2009	2010	2011	2012	2013	2014	2015	2016
青岛—济南(393 公里)	21.22	23.95	26.74	29.3	31.13	—	—	—
北京—天津(120 公里)	16.41	20.22	21.04	21.50	24.62	—	—	—
长春—吉林(111 公里)			8.84	9.12	—	—	—	—
石家庄—太原(190 公里)[②]	4.64 (6.19)	7.46	8.48	8.83	10.7	—	—	—
广州—深圳[①] (116 公里)	33.49	36.95	39.05	35.78	36.98	35.98	35.65	36.19
合肥—武汉[②] (351 公里)	1.62 (2.16)	2.97	3.49	4.57	—	—	—	—
郑州—西安(455 公里)	1.01	3.74	3.82	6.37	—	—	—	—
广州—珠海(116 公里)			14.06	16.31	—	—	—	—
北京—广州[③](2 298 公里)		20.52	30.87	38.57	68.86	—	—	—
北京—上海[②] (1 318 公里)			20.59 (35.29)	54.81	83.89	99.28	126.65	160.00

续表

高铁线路	2009	2010	2011	2012	2013	2014	2015	2016
上海—南京(301 公里)			52.46	56.96	—	—	—	—
上海—杭州(150 公里)			16.29	18.52	—	—	—	—
南昌—九江(131 公里)			10.8	11.53	—	—	—	—
哈尔滨—大连(921 公里)				1.81	28.23	33.85	39.06	36.02
海口—三亚(308 公里) (东环线)			9.82	10.48	—	—	—	21.77
合肥—南京(154 公里)			1.37	2.83	—	—	—	—
南京—杭州②(249 公里)					1.12	1.95	1.53	—
厦门—深圳②(502 公里)					—	10.95	—	—
南宁—北海(261 公里) (广西沿海)					0.81	3.43	5.81	7.03
兰州—乌鲁木齐②(1 776 公里)							3.46	
贵阳—广州②(857 公里)							6.41	—
合肥—福州(850 公里)							—	5.49
吉林—延吉②(360 公里)							4.3	18.7
成都—重庆(308 公里)								24.00
郑州—徐州(361 公里)								3.95
昆明—百色(549 公里)								3.84

注：① 广州—深圳的乘客量数据来自广深铁路股份有限公司的年报。其他的数据信息来自 1999—2014 年的《中国铁道年鉴》和网络公开新闻报告等。目前公开的《中国铁道年鉴》为 1999—2014 年和 2016 年,但 2016 年之后不再有这一项数据。

② 合肥—武汉和石家庄—太原的路线是 2009 年 4 月 1 日开通的。北京—上海线是 2011 年 6 月 30 日开通的。南京—杭州的路线是在 2013 年 7 月 1 日开通的,吉图珲高铁(吉林—延吉)于 2015 年 9 月 20 日开通。因此,这四条线只有分别为 9 个月、7 个月、7 个月和 3 个月的数据,括号内为预计的当年全年的数据量。厦门—深圳是 2013 年 12 月 28 日开通的,兰新高铁(兰州—乌鲁木齐)是 2014 年 12 月 26 日开通的,贵广高铁(贵阳—广州)于 2014 年 12 月 26 日开通,成渝高铁(成都—重庆)于 2015 年 12 月 26 日开通,因此这些线路的开通当年均没有数据。

③ 上海—深圳由多个部分组成:宁波—台州—温州(2009 年 9 月 28 日开通),温州—抚州(2009 年 9 月 28 日开通),上海—杭州(2010 年 10 月 26 日开通),福建—厦门(2010 年 4 月 26 日开通),杭州—宁波(2013 年 7 月 1 日开通),厦门—深圳(2013 年 12 月 26 日开通)。北京—广州也是由三个路段组成:武汉—广州(2009 年 12 月 26 日开通),武汉—石家庄(2012 年 9 月 28 日开通),石家庄—北京(2012 年 12 月 26 日开通)。因此乘客量逐年的变化不仅能反映已有线路的变化,也能反映新建路段所能新增的旅客量。

④ "—"表示数据缺失;空白表示这条线路在当年尚未开通。

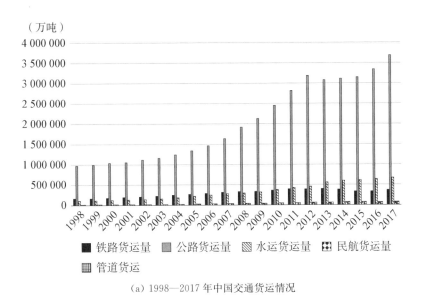

（a）1998—2017 年中国交通货运情况

（b）1998—2017 年中国交通货运情况（除公路）

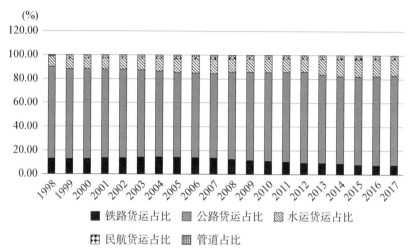

（c）1998—2017 年中国货运占比情况

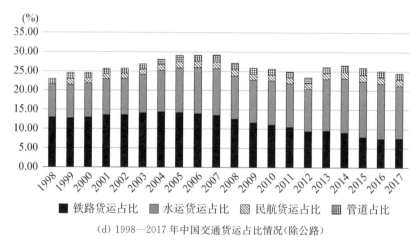

（d）1998—2017 年中国交通货运占比情况（除公路）

图 5－2　1998—2017 年中国不同交通运输方式的货运量

二、高铁开通对其他交通运输方式的运能影响的实证结果

高铁作为客运专线,与航空运输之间存在竞争关系(Lin,2017)。万威等(2019)发现,直达高铁航线更可能取消机票价格上限规制,实施市场定价。高铁开通后,虽然直达高铁线路由 2004 年的 0 条增加至 2016 年的 424 条,但是直达高铁线路仅占总线路的 10% 左右。而高速公路建设在 2008 年高铁开通之前的 1997—2007 年间已经完成 90%。因此,参照既往文献(王强等,2014;张克中和陶东杰,2016;Lin,2017),为了检验高铁开通后是否通过释放普通铁路等其他交通运输方式客运运能进而提高其货物运输的假设,我们进一步采用 DID 的方法估计了高铁开通对不同运输方式的客运量和货运量的影响。如表 5 - 2 所示,在控制了城市固定效应和时间固定效应后,由第(2)列可知城市高铁开通后,铁路出行的旅客量显著地增加了,第(4)列显示高铁对民航客运量有负向影响,第(5)—(7)列显示高铁对货运量的影响都不显著。与既往文献研究结果相符,高铁对航空运输造成较大的冲击,与航空运输互为替补品的关系(王强等,2014),因此在回归中需要对城市的机场进行控制以排除其干扰。此外,我们同样看到,高铁并非通过释放其他交通方式运能,降低货运成本进而影响企业出口(Lin,2017)。描述统计和实证检验结果与我们前期假设不一致,可能原因在于以下三个方面:(1)虽然高铁运输速度快,载客能力强,但是相比于普通铁路和公路,高铁价格更高,并非所有乘客均选择时间成本更低的交通方式。这与林娅堂(Lin,2017)的调查结果相一致,高铁旅客主要为高收入人群,并且出行目的大部分为商务出行。(2)新建高铁大部分位于城乡接合部(图 5 - 3),存在地区间连接效率低,出现"空椅子"等高铁运输能力大量闲置现象①。(3)高铁建设、维修费用昂贵,大量投资用于高铁建设减少了普通铁路的建设。因此,高铁建设不仅未能释放普通铁路运能,反而有可能加重铁路货运负担。而公路运输

---

① "高铁为啥不进中心区？彻底明白了！"(http://news. mydrivers. com/1/462/462465. htm)。

则大幅度提高了物流成本,降低了国民经济整体的资源配置效率①。

表 5-2　高铁对其他不同交通运输方式的影响

变量	(1)	(2)	(3)	(4)
	客运总量	铁路客运量	高速公路客运量	民航客运量
是否开通高铁	−0.003 57	0.176***	−0.013 2	−0.498*
	(−0.12)	(2.82)	(−0.42)	(−1.85)
控制变量	是	是	是	是
城市固定效应	是	是	是	是
时间固定效应	是	是	是	是
观测值	3 736	3 343	3 732	1 463
R^2	0.407	0.223	0.393	0.733

变量	(5)	(6)	(7)	(8)
	货运总量	铁路货运量	高速公路货运量	高铁带来的市场准入
是否开通高铁	0.069 8	−0.193	0.045 9	0.231***
	(1.18)	(−1.61)	(0.66)	(4.89)
控制变量	是	是	是	是
城市固定效应	是	是	是	是
时间固定效应	是	是	是	是
观测值	3 736	3 396	3 735	4 569
R^2	0.577	0.144	0.532	0.100

注:因变量都取了对数值。在统计口径中的"铁路客运量"包含了普通铁路和高速铁路。括号中为稳健聚类(城市层面)的 T 值。* $p<0.1$,** $p<0.05$,*** $p<0.01$。

综上所述,高铁并未如前文分析通过释放客运运能改善货物运输。结合前文理论机制分析,高铁作为客运专线可能通过促进高技能人员流动、降低固定贸易成本来促进企业创新。

---

① "谨防高铁灰犀牛",http://finance.sina.com.cn/china/2019-01-28/doc-ihqfskcp1255944. shtml。

第二节　中国高铁与固定贸易成本变动

一、高铁开通对不同人群的差异化影响

与既往文献报道结果一致,高铁作为客运专线,高铁旅客调查显示高铁出行目的主要为商务旅行(表5-3),并且集中于高收入人群(Lin,2017)。高铁开通在减少时间成本的同时,增加了价格成本,进而对不同人群(低收入人群和高收入人群)而言旅行成本变动并非完全一致。为了探究高铁对不同人群的差异化影响,本节首先分析了高铁开通对不同行业人群就业的影响,并进一步对流动人口的收入进行分析,用以验证高铁促进高技能劳动力迁移的理论假设。

表5-3　高铁旅客出行调查

高铁线路	样本大小	月均收入(元)	出行目的
长春—吉林[①] (长吉城际,110公里)	1 001	4 300	商务出行:52% 旅游休闲:39%
天津—济南[①](属全长1 318公里的京沪线)	1 001	6 700	商务出行:62% 旅游休闲:28%
武汉—广州[②] (1 068.6公里)	556	4 500	商务出行:59% 旅游休闲:16%
北京—天津[③] (120公里)	1 108		商务出行:54.6% 旅游休闲:17.8%
南宁—广州[④](577公里)	504	5 500	商务出行:48% 旅游休闲:52%
贵阳—广州[④](857公里)	467	5 900	商务出行:36% 旅游休闲[⑤]:61%

注:①调查结果来自奥利维耶等(Ollivier et al.,2014);②调查结果来自李建斌(2011),商务出行包括了出行目的为"公务"和"经商";③调查结果来自吴康等(2013),商务出行包括了"商务出差"和"通勤(回家)",旅游休闲则包括了"旅游"和"购物";④调查结果来自周南岩(Zhou et al.,2016);⑤研究者认为,由于贵广铁路沿线有很多著名的旅游景点,因此有很大一部分乘客(61%)的出行目的是旅游休闲,商务出行的比例只有36%,远低于京沪线和长吉线(分别为62%和52%)。

（一）高铁开通对不同行业就业的实证研究

表 5-4 显示了高铁对不同行业就业的实证分析结果。由表中可以看出，高铁开通显著降低了外围城市服务业就业。与既往大量研究结果相一致，提示分析结果的可靠性。如纳可莫和上田（Nakamur and Ueda，1989）分析日本"有""无"新干线情况下各产业就业人口的变化，发现日本修建新干线以后旅游业和服务业就业人口明显增长。同样，佐坂（Sasaki，1997）以及纳可莫和上田（Nakamur and Ueda，1989）对日本新干线的经济效应展开研究，前者发现高铁一定程度上疏散了经济活动和人口在空间上的集聚，后者发现高铁建成后旅游业等服务行业的从业人员有明显的增长，尤其在高铁开通城市。有关中国高铁对劳动力市场的研究，林娅堂（Lin，2017）发现高铁通过服务业市场的扩张导致城市就业人数的增加；邓涛涛等（2017）利用 2006—2015 年长三角城市群统计数据和列车实际运营数据，通过构建双重差分模型并引入经济地理学中引力模型量化了高铁引致的"时空收敛"效应，发现高铁对服务业集聚呈现出明显的促进作用。有趣的是，高铁开通加强了外围城市建筑行业低技能劳动力的流入和金融行业高技能劳动力的流出（Yu et al.，2019）。这也与我们前文理论分析结论相一致，限于迁移成本和户籍制度限制，高铁开通主要影响了高技能劳动力的迁移。进一步以"最小生成树"为工具变量解决内生性问题进行回归，得出基本一致的结论（表 5-5）。

表 5-4　高铁对不同行业就业影响的基准回归结果

就业	(1) 制造业	(2) 农业	(3) 建筑行业	(4) 服务业	(5) 金融行业	(6) 研发部门
是否开通高铁	0.008 06	−0.000 101	0.014 0**	−2.549***	−0.003 4***	−0.001 55**
	(1.04)	(−0.02)	(2.00)	(−3.26)	(−2.67)	(−2.06)
控制变量	是	是	是	是	是	是
城市固定效应	是	是	是	是	是	是
时间固定效应	是	是	是	是	是	是

续表

就业	(1) 制造业	(2) 农业	(3) 建筑行业	(4) 服务业	(5) 金融行业	(6) 研发部门
时间—省份固定效应	是	是	是	是	是	是
观测值	4 472	4 472	4 472	4 472	4 472	4 472
R^2	0.061 7	0.083 7	0.338	0.097 0	0.126	0.073 7

注: *** $p<0.01$, ** $p<0.05$, * $p<0.1$。

表 5-5 高铁开通对不同行业就业影响的工具变量法结果

就业	(1) 制造业	(2) 农业	(3) 建筑行业	(4) 服务业	(5) 金融行业	(6) 研发部门
是否开通高铁	0.026 1 (0.85)	−0.003 16 (−0.01)	0.725* (1.67)	−3.487** (−2.08)	−0.108** (−2.07)	−0.010 2 (−0.96)
控制变量	是	是	是	是	是	是
城市固定效应	是	是	是	是	是	是
时间固定效应	是	是	是	是	是	是
时间—省份固定效应	是	是	是	是	是	是
观测值	264	264	264	264	264	264
R^2	0.217	0.315	0.209	0.215	0.261	0.237

注:同表 5-4。

(二) 高铁开通对流动人口的影响

为了验证前文理论分析中高铁开通后高工资水平影响人员迁移的假设,本书匹配了全国流动人口数据、高铁数据和地理矢量数据,对高铁开通对流动人口的收入进行实证检验。全国流动人口数据来源于 2010—2014 年国家卫生与计划生育委员会流动人口服务中心的调查数据。流动人口界定为,在流入地居住一个月以上、非本区(县、市)户口 15~59 周岁的流入人口(本市内人户分离的除外)。调查内容涉及流动人口家庭成员的基本信息、户主的就业情况、家庭的收入与支出、婚育情况、公共服务与社会保障、流动人口卫生计生基本服务均等化、社区管理与服务、社会融合状况等。调查采取多阶段、与规模成比例的PPS抽样。高铁数据和地理矢量数据如本章第一节所述。为实证考察高铁对流动人口收入的影响,借鉴林娅堂(Lin,2017)构建如下双重差分的计量模型(Difference-in-difference):

$$\ln(Income)_{ct} = \lambda_1 HSR_{ct} + \lambda_2 Z_{ct} + \Omega_c + \delta_t + Year_t \times Province_c + u_{ct}$$

$$(5-1)$$

其中,$\ln(Income)_{ct}$表示城市 c 在 t 年时的流动人口收入;HSR_{ct}为主要解释变量,当城市 c 在 t 年开通高铁为1,否则为0;λ_1为本研究核心解释变量的估计系数,如果$\lambda_1 > 0$且显著,表明高铁正向影响流动人口收入,反之则为负向影响;Z_{ct}为城市层面的控制变量,包括是否有机场(Airport)、高速公路密度(Highway Intensity)和是否有普通铁路(Railway)等其他城市层面的特征变量,用以控制其他可能产生干扰的因素;Ω_c是城市固定效应,控制不随时间变化的城市特征因素;δ_t是时间固定效应,用以控制时间维度的宏观经济冲击;$Year_t \times Province_c$是时间与省份交互的联合固定效应,考虑了随时间和省份同时变化的因素,避免了遗漏变量可能导致时间趋势不一致的影响。此外,为控制潜在的异方差和空间相关问题,本书参考伯特兰等(Bertrand et al.,2004)的研究,将标准差在城市层面进行聚类调整。

表5-6为主要变量的描述性统计结果。

表5-6　高铁对流动人口收入实证分析主要变量的描述性统计

变量名称	变量说明	均值	标准差	最大值	最小值
居民收入	居民月收入取对数	7.587	1.473	12.85	0
是否开通高铁	所在城市通高铁取1,未通取0	0.499	0.500	1	0
民族	汉族为1	0.540	0.498	1	0

变量名称	变量说明	均值	标准差	最大值	最小值
性别	男性为1	0.941	0.236	1	0
年龄	年龄	33.73	9.221	60	15
教育程度	教育年限	9.899	3.227	19	0
人均国内生产总值	城市人均 GDP 取对数	1.776	0.677	3.800	−0.508
人口规模	城市人口取对数	6.212	0.876	8.126	2.918

表5-7显示了高铁对流动人口收入的实证分析结果。由表中可以看出,在控制了性别、民族、年龄、教育程度等因素后,高铁开通对流动人口收入水平的影响显著为正,但是对其食物消费、租房、整体消费水平未产生显著影响,与我们理论假设相一致,高铁开通后,高工资水平吸引更多的劳动力向中心城市迁移。进一步分析发现,高铁与教育程度交乘项对流动人口收入影响系数显著为正,表示教育程度越高的人群获益更大。以"最小生成树"为工具变量解决内生性问题进行回归,高铁对流动人口收入的正向影响依然成立(表5-8)。这与俞峰等(Yu et al.，2019)的研究结果相一致,受教育年限长的人群更容易从高铁开通中获益。

表5-7　高铁对流动人口收入影响的基准回归结果

	(1)	(2)	(3)	(4)	(5)	(6)
	居民收入	居民收入	食品花费	租房花费	日常花费	居民收入
是否开通高铁	0.0406***	0.0367***	−0.00608	0.175	0.0117	0.0324
	(2.95)	(2.78)	(−0.30)	(1.53)	(0.87)	(1.64)
性别		−0.264***	0.0171***	0.0757***	0.0327***	−0.263***
		(−28.01)	(4.47)	(5.09)	(8.58)	(−28.55)
民族		−0.00670***	−0.00376***	−0.0418***	−0.00842***	−0.00700***
		(−7.09)	(−3.16)	(−8.67)	(−7.65)	(−7.50)
年龄		0.00390***	0.00711***	0.00514***	0.00690***	0.00396***
		(13.73)	(9.77)	(3.07)	(9.37)	(13.77)
受教育程度		0.0200***	0.00866***	−0.00662	0.0151***	0.0199***
		(26.43)	(5.46)	(−1.57)	(9.30)	(21.51)

续表

	(1)	(2)	(3)	(4)	(5)	(6)
	居民收入	居民收入	食品花费	租房花费	日常花费	居民收入
人口规模		0.0226	0.0338	−0.0973	0.0227	0.0220
		(1.64)	(1.36)	(−1.04)	(0.69)	(1.62)
人均国内生产总值		0.138*	0.196**	−0.558	0.120	0.137*
		(1.90)	(1.99)	(−0.78)	(1.17)	(1.89)
高铁×受教育程度						0.0454**
						(2.41)
城市固定效应	是	是	是	是	是	是
时间固定效应	是	是	是	是	是	是
时间—省份固定效应	是	是	是	是	是	是
常数项	7.341***	6.441***	4.541***	7.958*	5.886***	6.466***
	(801.67)	(13.32)	(6.80)	(1.68)	(8.40)	(13.41)
观测值	314 487	304 977	366 605	344 659	361 892	304 977
R^2	0.269	0.350	0.172	0.110	0.181	0.106

注:括号中为稳健聚类(城市层面)的 T 值。* $p<0.1$, ** $p<0.05$, *** $p<0.01$。

表 5-8　高铁对流动人口收入影响的工具变量法结果

	(1)	(2)	(3)	(4)	(5)	(6)
	居民收入	居民收入	食品花费	租房花费	日常花费	居民收入
是否开通高铁	0.175**	0.203*	−0.193	1.112	−0.135	0.338
	(2.05)	(1.67)	(−1.36)	(1.38)	(−1.15)	(1.15)
性别		0.239***	−0.0138**	−0.124***	−0.0220***	0.243***
		(25.33)	(−2.05)	(−4.23)	(−3.48)	(21.91)
民族		0.0438	0.0296	0.365	0.0589*	0.0383
		(1.32)	(0.75)	(1.46)	(1.76)	(1.05)
年龄		0.002 19***	0.006 66***	0.008 71**	0.006 68***	0.002 38***
		(4.10)	(7.67)	(2.10)	(7.17)	(3.48)
受教育程度		0.017 2***	0.011 4***	0.015 9	0.019 8***	0.021 3***
		(7.60)	(4.02)	(0.98)	(7.66)	(4.14)

	(1)	(2)	(3)	(4)	(5)	(6)
	居民收入	居民收入	食品花费	租房花费	日常花费	居民收入
人口规模		0.063 4	0.151***	−0.114	0.129***	0.060 4
		(1.46)	(3.36)	(−0.43)	(3.64)	(1.14)
人均国内生产总值		−0.037 4	0.017 7	−0.228	0.010 2	−0.034 0
		(−0.84)	(0.32)	(−0.78)	(0.23)	(−0.67)
高铁×受教育程度						0.011 5
						(1.63)
城市固定效应	是	是	是	是	是	是
时间固定效应	是	是	是	是	是	是
时间—省份固定效应	是	是	是	是	是	是
常数项	7.865***	7.524***	6.276***	4.773**	7.036***	7.427***
	(163.36)	(26.99)	(18.27)	(2.52)	(25.15)	(27.54)
观测值	95 162	86 777	97 778	97 771	97 778	86 777
R^2	0.018 6	0.057 7	0.003 99	−0.028 9	0.023 6	0.019 3

注:同表 5-7。

(三) 高铁开通对城乡居民的影响

本书进一步匹配了中国家庭收入调查(Chinese Household Income Project Survey,CHIP)数据、高铁数据和地理矢量数据,对上文的结果进行再次验证。CHIP 由国家统计局农调总队和中国社会科学院经济研究所相继在 1989 年、1996 年、2003 年、2008 年和 2014 年进行了五次入户调查。他们分别收集了 1988 年、1995 年、2002 年、2007 年和 2013 年的收支信息,编号为 CHIP1988、CHIP1995、CHIP2002、CHIP2007 和 CHIP2013。其中,城镇每年的家庭数据大约有 6 800 户,人数大约为 20 000 人。农村每年家庭的数据大约有 9 200 户,人数大约有 38 000 人。该数据库包括工资、总收入、性别、年龄、受教育年限、行业、所有制、职业、就业状况等详细信息。鉴于高铁修建始于 2008 年,

CHIP2007 和 CHIP2013 年的数据为我们探究高铁对城乡收入差距的影响提供了微观数据支持。高铁数据和地理矢量数据如本章第一节所述。表5-9呈现的是本研究中所使用的一些关键变量的描述性统计。

表5-9 居民收入主要变量的描述性统计

变量名称	变量说明	均值	标准差	最小值	最大值
居民收入	居民收入	7.159	0.934	11.51	−2.485
城乡居民收入差距	城镇居民与农村居民人均收入之差取对数	0.746	0.478	−5.504	15.899
农村居民收入	农村居民人均收入取对数	−0.940	0.617	−2.669	1.961
城市居民收入	城镇居民人均收入取对数	0.065	0.531	−2.175	2.802
是否开通高铁	所在城市通高铁取1,未通取0	0.077	0.266	0.000	1.000
是否有机场	所在城市有机场取1,无机场取0	0.428	0.495	0.000	1.000
高速公路密度	公路里程(公里)/土地面积(平方公里)取对数	−0.814	1.011	−5.672	2.428
是否有普通铁路	所在城市有普通铁路取1,无普通铁路取0	0.815	0.388	0.000	1.000
居民年龄	居民年龄	37.00	19.22	1	104
教育程度	居民受教育年限	8.570	3.629	0	22

借鉴林娅堂(Lin, 2017)构建的模型,拓展和改进得到如下双重差分的计量模型:

$$\ln(Income)_{ict} = \lambda_1 Treat_c \times postHSR_c + \lambda_2 Z_{it} + \Omega_c + \delta_t + u_{ict} \quad (5-2)$$

$\ln(Income)_{ict}$ 表示城市 c 中居民 i 在 t 年的个人收入。$\lambda_1 Treat_c \times postHSR_c$ 为主要解释变量,其中 $Treat$ 表示个体处理效应,为城镇居民或受教育年限长的居民取1,否则取0。$HSRc$ 表示所在城市是否开通高铁,是取1,否取0。Z_{it} 为个体层面的控制变量,包括性别、年龄、受教育年限、行业(是否为服务业)等。Ω_c 为城市固定效应,用以控制城市层面不随时间变化的因素。δ_t 为时间固定效应,用以控制随时间变化的因素。此外,为了控制潜在的异方差问题,我们参照伯特兰等(Bertrand et al.,2004)对标准误在城市层面进行聚类。

表 5-10 为基本回归结果,可以看出高铁开通显著提高了居民收入,其中对城市居民和受教育年限长的居民的收入影响更大,与俞峰等(Yu et al.,2019)的研究结果相一致。进一步以"最小生成树"作为高铁开通的工具变量进行回归,结果依然稳健(表 5-11)。

表 5-10　高铁对收入差距和个人收入影响的基准回归结果

	居民收入		
是否开通高铁	0.0464*	0.0796*	0.0577***
	(1.83)	(1.76)	(6.75)
高铁×是否为城市居民		0.299***	
		(3.73)	
高铁×是否为高教育程度			0.338***
			(4.21)
控制变量	是	是	是
时间固定效应	是	是	是
城市固定效应	是	是	是
观测值	23897	23897	23897
R^2	0.1121	0.1491	0.1107

注:*** $p < 0.01$,** $p < 0.05$,* $p < 0.1$。个人收入数据来自中国家庭收入调查 CHIP2007 和 CHIP2013。城市控制变量包括是否有机场、高速公路密度、铁路密度、经济结构、人口,个体控制变量包括年龄、性别、教育、城镇/农村居民状态等。

表 5-11　高铁对收入差距和个人收入影响的工具变量法结果

	个体层面			
	高铁	居民收入		
工具变量	0.356***			
	(21.35)			
是否开通高铁		0.0212*	0.0233*	0.0120***
		(1.91)	(1.86)	(3.75)

续表

	个体层面			
	高铁		居民收入	
高铁×是否为城市居民			0.102***	
			(4.13)	
高铁×是否为高教育程度				0.201***
				(3.01)
控制变量	是	是	是	是
时间固定效应	是	是	是	是
城市固定效应	是	是	是	是
观测值	23 897	23 897	23 897	23 897
R^2	0.314 2	0.124 5	0.152 1	0.131 1
F 统计值	25.124			

注:同表 5-10。

综上所述,由于高铁带来的时间成本降低、价格成本升高,高铁开通对不同人群产生差异化影响。正如上文所述,高铁开通主要为商务出行,主要影响了服务业、流动人口的迁移,对城市居民的收入促进作用更大,并且受教育程度越高,高铁的促进作用越明显。上述结果提示,高铁开通对企业出口的内在机制主要通过促进高技能人员流动降低了固定贸易成本来实现。

第三节　中国高铁、固定贸易成本与企业出口

为了评估高铁开通带来的固定贸易成本变动情况,本书参考唐纳森和霍恩贝克(Donaldson and Hornbeck,2016)的方法构造了"市场准入"的指标。市场准入用以估计随着交通基础设施建设改善,区域间经济交流成本变化的加总效应(Aggregate Impacts)。对比已有研究中量化交通基础设施的不足,这一指标的优势主要体现在以下三个方面:(1)定量评估交通基础设施的综合影响。随着交通基础设施的扩大,城市间交易成本显著降低,交通运输越便捷,市场可达性就越高。(2)刻画了交通基础设施对每一个城市的全局影响。计算过程中利

用了全局范围内所有可能的运输方式,即决定市场可达性大小的是在全国交通网络范围内的全局便利程度,及其与重要经济区域的互联程度。(3)同时能够刻画交通基础设施建设的直接影响和间接影响。计算中涉及的交通出行成本,当相邻城市的交通设施变得更加完善时,即使本城市的条件没有发生改变也会对结果产生显著影响,提高其市场准入。

一、市场准入测算

(一) 构造空间均衡方程

为了测算市场准入,我们首先构造如下三个空间均衡方程:

$$\ln(l_k) = k_l + \lambda_l^H \ln(\overline{H}_k) + \lambda_l^\delta \ln(\overline{\delta}_k) + \lambda_l^M \ln(MA_k) \qquad (5-3)$$

$$\ln(w_k) = k_w + \lambda_w^H \ln(\overline{H}_k) + \lambda_w^\delta \ln(\overline{\delta}_k) + \lambda_w^M \ln(MA_k) \qquad (5-4)$$

$$\ln(q_k) = k_q + \lambda_q^H \ln(\overline{H}_k) + \lambda_q^\delta \ln(\overline{\delta}_k) + \lambda_q^M \ln(MA_k) \qquad (5-5)$$

其中,l_k 表示城市 k 的就业,w_k 表示城市 k 的工资水平,q_k 为城市 k 的房产价格水平。可见,本书的内生变量都可以用外生变量来表示,即它们都可以用外生变量 $\overline{H}_k$(k 城市的土地供给)和 MA_k(k 城市的市场准入)来表示。理论上,市场准入对就业、工资和房地产价格的三个弹性 λ_l^M、λ_w^M、λ_q^M 都应该为正,房产价格对房产数量的弹性 λ_q^H 应该为负,就业对房产的弹性 λ_l^M 也应该是正的。求解均衡后可以得到,任一城市 k 的市场准入定义如下:

$$MA_k = \sum_{j-1}^M \tau_{kj}^{-\theta} X_j T_j \qquad (5-6)$$

其中,τ_{kj} 表示城市 k 到城市 j 的交通成本,X_j 表示城市 j 从其他城市获取劳动力的成本。根据 CES 生产函数和完全竞争的假设,企业的利润为 0,所以劳动力成本与总产出相等,即 $T_j X_j = T_j GDP_j$,τ_j 是城市 j 的生产技术参数。又由"所有城市中,都有一定比例的劳动力是在本城市就业"的假设,所以该城市的生产技术参数 τ_j 可以由平均工资水平 w_j 推导而来。

由总投入与总产出恒等：$\overline{z(j)}L_j = w_j L_j$，其中 $\overline{z(j)}$ 为城市 j 的平均生产率，L_j 为城市 j 的劳动力总数。根据平均生产率服从 Frechet 分布，即 $\overline{z(j)}L_j = e^{\frac{\gamma}{\theta}} T_j^{\frac{1}{\theta}}$，所以 $T_j = T \times w_j^{\theta}$，$T_j X_j \approx GDP_j (w_j)^{\theta}$。出于简化，进一步略去工资变量，则可以用 GDP 近似表示 $T_j X_j$，即：

$$MA_i = \sum_{i=1}^{M} \tau_M^{-\theta} GDP_i \tag{5-7}$$

（二）计算成本参数

根据上文的推导，市场准入计算的关键在于需要构建一个城市间动态的交通成本矩阵 τ_{kj}，它既要包含出行时间的信息，也要包含所需的费用信息，为了构建这一矩阵需要作出以下假设。

假设 5.1：城市间距离矩阵的构建。根据郑思齐和卡恩（Zheng and Kahn, 2013）的计算实践，在计算城市间铁路距离时，本书假定这个距离等于城市间直线距离的 1.2 倍。城市间直线距离则是依据城市的经纬度坐标数据，运用 Arc-GIS 计算得到。

假设 5.2：为了识别出建成高铁在出行时间和出行费用上的效应，本书将旅客出行的交通方式归纳为三类：传统道路或慢速铁路、高速公路、高铁。绝大多数的城市第一种交通方式都是存在的，而是否有高速公路和高铁，由上文中介绍的地区统计年鉴、统计公报和《铁道统计年鉴》中的"建设大事记"等信息汇总统计而来。对运行的速度和所需费用也标准化处理如下：传统道路或慢速铁路的速度为 60 公里/小时，费用为 0.1 元/公里；高速公路的速度为 100 公里/小时，费用为 0.23 元/公里；高铁的速度为 250 公里/小时，费用为 0.43 元/公里。时间和费用两个变量是在决策选择哪种交通方式时需要权衡的关键。

假设 5.3：市场准入公式中的 θ。伊顿和科图姆（Eaton and Kortum, 2002）指出，θ 描述了生产率的分布，且反映了贸易流动中的"比较优势"（贸易弹性）。回顾既往研究，伊顿和科图姆（Eaton and Kortum, 2002）基于 1995 年 OECD 经济体之间制造业部门内部贸易往来的数据,计算得到 θ 值分别为 8.28、3.6 和 12.86;科斯蒂诺等(Costinot et al.,2011)以及西蒙诺夫斯卡和沃尔(Simono-vska and Waugh,2014)进一步放宽伊顿和科图姆(Eaton and Kortum,2002)的假设条件,同样是利用 20 世纪 90 年代 OECD 内部贸易数据,计算得到的 θ 值约为 4.5~6.5。相对而言,针对一国之内的估计较少,伯纳德(Bernard et al.,2003)利用美国企业层面的生产率分布,估计得到 $\theta = 3.6$;唐纳森(Donaldson,2014)利用印度地区间贸易数据,估计得到的 θ 值约为 3.6。由于缺乏中国国内区域间贸易流动的数据,我们无法从数据中直接估计这一参数。有关 θ 值的选取,汤姆彼和朱晓东(Tombe and Zhu,2019)基于文献梳理设定 $\theta = 4$;徐航天(Xu,2017)基于西蒙诺夫斯卡和沃尔(Simonovska and Waugh,2014)的估计结果 θ 值也是取为 4;林娅堂(Lin,2017)则将 θ 值取为 3.6。综合考虑已有研究,本书在分析时主要采用的是 $\theta = 3.6$,为了进一步验证稳健性,我们还补充尝试了 $\theta = 4$ 和 $\theta = 8.28$ 时"市场准入"的计算结果。此外,为了减少跟地理有关的地区冲击造成的内生性,在所有市场准入的计算中,各城市 GDP 均为 2000 年的数据。

由上式可知,所计算的"市场准入"是一国之内所有其他城市的 GDP 与到这个城市的交通成本比值的总和。由此,一般的规律是当一个城市越是紧靠省会城市时(省会城市的经济总量一般比较大),市场准入会越大;而且,当两个城市靠得非常近时,分母会很小(交通费用很小、所需时间也很少),所以市场准入也会很大。针对这两种情况产生的结果偏差,本书对结果进行了如下修正:(1)删除距离省会城市和副省级城市 50 公里以内的城市数据;(2)删除城市间距离 50 公里之内的城市数据。最终本书得到了 1999—2013 年中国 336 个地级城市市场准入的计算结果。表 5-12 是不同市场准入历年情况[①],从表中可以

[①] 经过与林娅堂(Lin,2017)计算的市场准入比较,数量级非常相近,侧面印证了计算结果的可靠性。

看出,高铁带来的市场准入(MAHSR)随着时间而增长,表明各个城市的市场可达性都在提高。进一步回归发现,高铁对市场准入的回归系数显著为正,表明高铁开通显著提高了市场准入。将本书的结果与林娅堂(Lin,2017)所测算的中国高铁带来的市场准入结果进行比较后发现,数量级和增长率都有很高的相似性,也侧面验证了本书测算结果的可靠性。

表 5-12　高铁引致的市场准入历年变化情况

变量	参数	1999	2002	2005	2008	2011	2013
市场准入	($\theta=3.6$)	12.335 7	12.343 5	12.381 9	12.407 1	12.523 6	12.597 6
市场准入	($\theta=4$)	9.328 2	9.524 2	9.787 4	9.945 9	10.441 7	10.608 5
市场准入	($\theta=8.28$)	0.485 7	0.545 5	0.557 5	0.559 5	0.611 0	0.614 5

注:以上结果均是对数结果。
资料来源:作者计算整理。

二、市场准入对企业出口的实证研究

为了考察高铁引致的固定贸易成本变动对企业出口的影响,将上文中实证模型(4-1)进行适当变换,得到实证模型(5-8)。

$$\ln(Export\ value)_{ijcpt} = \lambda_1 MA_{cpt} + \lambda_2 Z_{cpt} + \lambda_3 V_{ijcpt} + \delta_i + \delta_{pt} + \delta_{jt} + u_{ijcpt}$$

$$(5-8)$$

本模型中我们最关心的主要解释变量为市场准入 MA_{cpt}。λ_1 为本书核心解释变量的估计系数,如果 $\lambda_1 > 0$ 且显著,表明高铁开通通过提高市场准入、降低固定贸易成本促进企业出口,反之则抑制企业出口。

表 5-13 呈现的是高铁带来的市场准入对企业出口影响的实证结果。结果表明高铁带来的市场准入显著促进了企业出口,即开通高铁提高了地区的市场准入,降低了贸易成本,进而正向影响了企业的出口。为了检验回归结果的稳健性,我们根据既往文献对回归参数 θ 进行了调整,回归结果依然稳健。

表 5‑13　市场准入对企业出口影响的回归结果

	(1)	(2)	(3)
	出口值取对数		
	($\theta = 3.6$)	($\theta = 4$)	($\theta = 8.28$)
高铁带来的市场准入	0.168***	0.102***	0.035 8*
	(3.36)	(2.84)	(1.74)
是否有机场	−0.361***	−0.448***	−0.457***
	(−4.01)	(−4.44)	(−4.52)
高速公路密度	−0.045 2	−0.105	−0.098 3
	(−0.63)	(−1.48)	(−1.39)
是否有普通铁路	0.241	−1.035	0.272
	(1.24)	(−1.26)	(1.26)
国内生产总值	−0.341**	−0.037 4	−0.054 6
	(−2.08)	(−0.11)	(−0.16)
人口规模	1.296*	1.536*	1.566*
	(1.96)	(1.78)	(1.82)
企业规模	0.217***	0.232***	0.232***
	(6.11)	(6.09)	(6.11)
企业年龄	0.002 90**	0.005 61***	0.005 68***
	(2.15)	(3.41)	(3.44)
劳动生产率	0.007 14	0.005 98	0.005 13
	(0.68)	(0.57)	(0.48)
企业固定效应	是	是	是
行业—时间固定效应	是	是	是
省份—时间固定效应	是	是	是
观测值	1 500 873	1 500 873	1 500 873
R^2	0.796	0.796	0.796

注:括号中为稳健聚类(城市—年份层面)的 T 值。* p<0.1,** p<0.05,*** p<0.01。

综上所述,本章通过对铁路、公路等交通方式客运和货运情况分析发现高铁开通并未释放普通铁路和公路的货运运能,进而改变可变贸易成本。进一步,通过匹配高铁数据、地理矢量数据、中国地级市城市数据、全国流动人口数据发现:(1)高铁开通促进了建筑行业低技能劳动力的就业,加强了金融行业高技能劳动力向中心城市的集聚;(2)流动人口、受教育年限长的居民和城市居民均从高铁开通中获益。参考唐纳森和霍恩贝克(Donaldson and Hornbeck,2016)以"市场准入"指标评估高铁开通对固定贸易成本的影响,发现高铁开通主要促进了高技能劳动力流动、降低固定贸易成本,促进了企业出口的内在机制。在下文中,我们将进一步基于企业出口特征、高铁站选址、企业异质性、地区异质性等视角进行异质性分析,对高铁促进企业出口的内在机制进行再验证。

第六章 中国高铁对企业出口的异质性分析

前文分析发现高铁开通主要通过降低固定贸易成本促进企业出口。考虑到不同类型贸易成本变动对出口的差异化影响,我们从出口特征(二元边际、行业异质性、产品异质性)、高铁站选址、企业异质性(国有企业与非国有企业、外资企业与内资企业、在位企业与新进企业)和地区异质性进行分析,对高铁开通影响企业出口的机制进行再验证。

第一节 出口特征异质性分析

一、出口二元边际

企业异质性贸易模型(Melitz,2003)指出,企业的出口增长主要是沿着集约边际(Intensive Margin)和扩展边际(Extensive Margin)而实现。前者是指出口企业和出口产品在单一方向上量的扩张,后者是指新企业进入出口市场以及出口产品种类的增长。根据前文文献梳理,我们发现出口可变贸易成本下降对扩展边际和集约边际均有增长效应,其中集约边际更加显著,但是固定成本下降仅引起了扩展边际的增加。本书第五章得出高铁开通主要通过降低固定贸易成本促进企业出口,我们推测高铁开通主要促进了企业出口的扩展边际。为此,我们分析了高铁对出口量、出口国家数和出口产品种类的影响。如表6-1所示,高铁开通显著增加了出口总量,并且增加了出口国家数以及出口产品种类,提示高铁开通促进了企业出口的扩展边际。进一步,我们借鉴梅尼里斯和蓬塞(Mayneris and Poncet,2013)与黄远浙等(2017)的方法,基于企业—产品—目的地视角,考察高铁开通对出口集约边际和扩展边际的影响①。如表6-2所示,高铁开通对企业出口集约边际影响不显著,而对扩展边际有显著的正向影响。与前文结果相符,高铁开通促进了面对面交流,使得更多的复杂信息得以有效传递(Bernard et al.,2019),从而降低了出口的固定贸易成本,促进了出口扩展边际的增加。进一步将扩展边际按产品—目的地进行细分发现(表6-3),高铁开通主要促进了新产品到旧目的地、旧产品到新目的地的出口,而对新产品到新目的地的出口影响相对较小。

表6-1　高铁对企业出口量、出口国数量和出口产品种类的影响分析

	(1)	(2)	(3)
	出口值取对数	出口国家数 取对数	出口产品种类 取对数
是否开通高铁	0.0649***	0.0187***	0.0329***
	(5.20)	(3.47)	(6.46)
是否有机场	0.00300	0.0115	-0.0352**
	(0.09)	(0.68)	(-2.33)
高速公路密度	-0.0383**	0.00216	-0.0250***
	(-2.51)	(0.32)	(-3.78)
是否有普通铁路	-0.0295	0.0485***	0.0255**
	(-1.06)	(3.71)	(2.14)
企业规模	0.379***	0.201***	0.140***
	(43.21)	(48.75)	(37.61)
企业年龄	-0.000564	-0.00134**	0.000256
	(-0.40)	(-2.20)	(0.46)
劳动生产率	0.132***	0.0518***	0.0279***
	(17.83)	(15.95)	(9.28)
企业固定效应	是	是	是
行业—时间固定效应	是	是	是
省份—时间固定效应	是	是	是

① 集约边际(企业老产品出口至老市场的销售额与工业总产值之比)和扩展边际(企业新产品出口至老市场的销售额、企业老产品出口至新市场的销售额和企业新产品出口至新市场的销售额之和与工业总产值之比)。

续表

	（1）	（2）	（3）
	出口值取对数	出口国家数取对数	出口产品种类取对数
观测值	407 535	407 698	407 698
R^2	0.290	0.083 9	0.032 3

注:括号中为稳健聚类(城市—年份层面)的 T 值。* p＜0.1，** p＜0.05，*** p＜0.01。

表 6-2　高铁对企业出口二元边际的影响分析

	（1）	（2）
	出口集约边际	出口扩展边际
是否开通高铁	0.077 3	0.115**
	(1.12)	(2.20)
是否有机场	−0.136**	−0.124*
	(−2.27)	(−1.82)
高速公路密度	−0.001 34	0.050 9
	(−0.02)	(1.27)
是否有普通铁路	−0.045 7	−0.049 31
	(−0.47)	(−0.76)
国内生产总值	0.163	0.213
	(0.70)	(1.11)
人口规模	0.407	0.243
	(1.56)	(1.29)
企业规模	0.185***	0.219***
	(6.53)	(8.71)
企业年龄	0.003 52***	0.000 226
	(2.96)	(0.20)
劳动生产率	0.061 0***	0.056 9***
	(3.86)	(5.25)
企业固定效应	是	是
行业—时间固定效应	是	是
省份—时间固定效应	是	是
观测值	1 500 872	1 500 872
R^2	0.742	0.718

注:同表 6-1。

表 6-3 高铁开通对产品出口地的影响分析

	(1) 出口扩展边际 新产品旧目的地	(2) 出口扩展边际 旧产品新目的地	(3) 出口扩展边际 新产品新目的地
是否开通高铁	0.094 7***	0.087 6***	0.041 0*
	(2.81)	(2.58)	(1.94)
是否有机场	−0.096 0	0.076 1	0.222***
	(−1.05)	(0.77)	(4.35)
高速公路密度	−0.208***	−0.076 0*	−0.193***
	(−4.74)	(−1.68)	(−6.44)
是否有普通铁路	−0.151*	0.214***	−0.116**
	(−1.88)	(2.78)	(−2.28)
企业规模	0.296***	0.626***	−0.260***
	(13.43)	(26.75)	(−17.05)
企业年龄	0.003 81	−0.006 96**	0.005 69**
	(1.05)	(−1.99)	(2.05)
劳动生产率	0.113***	0.218***	−0.150***
	(5.92)	(10.70)	(−11.29)
企业固定效应	是	是	是
行业—时间固定效应	是	是	是
省份—时间固定效应	是	是	是
观测值	391 641	391 641	391 641
R^2	0.006 35	0.018 3	0.018 6

注：同表 6-1。

二、行业异质性分析

根据既往文献可知,由于不同行业对生产要素投入的需求侧重不同,因此不同的行业对交通基础设施条件改善的敏感性存在差异。科萨和德米(Cosar and Demir, 2016)以土耳其为例考察了国家交通网络改善如何影响其国际贸易的总量与布局,发现重量敏感型行业更易从交通基础设施质量改善中获益。与之类似,徐航天(Xu, 2015)研究中国火车提速对中亚出口的影响时,发现资本敏感型行业从火车提速中受到更大的影响。为了深入探究高铁开通对不同行业出口带来的差异化影响:一方面,高铁可能通过促进复杂信息得以有效传递、促进企业间供应关系建立、提高企业效率,进而对资本或技术密集型行业出口产生更显著的影响(Bernard et al.,2019);另一方面,高铁显著降低了地区间通勤时间,促进了企业与劳动者之间的匹配效率,从而对劳动密集型行业产生更为重要的影响。基于上述分析,我们在三位行业代码层面按要素密集类型将行业分为"资本或技术密集型"和"劳动密集型"。表 6-4 是高铁对这两类行业类型内企业出口的影响分析。实证结果显示,高铁对资本或技术密集型行业内的企业出口影响显著为正,但对劳动密集型行业的企业没有显著影响。这与本书第三章理论机制分析结果相一致,高铁开通主要影响了高技能劳动力的流动,因而更多地促进了企业间信息交流和技术溢出,而对低技能劳动力流动的影响不显著。这也与既往文献报道和上文统计结果相一致,相对于其他交通方式,虽然高铁节省了通勤时间,但由于其价格相对昂贵,主要影响的是技术型或中产阶级的流动(Lin,2017),因此主要表现为资本或技术密集型行业企业出口效率的提高。

表 6-4 行业要素密集性异质性分析

	(1) 出口值取对数 资本或技术密集型行业	(2) 出口值取对数 劳动密集型行业
是否开通高铁	0.157**	0.094 1
	(2.27)	(1.42)
是否有机场	−0.047 2	−0.184**
	(−0.34)	(−2.50)
高速公路密度	0.004 46	0.049 6
	(0.06)	(1.13)
是否有普通铁路	−0.005 75	−0.099 4
	(−0.07)	(−1.24)
国内生产总值	0.000 080 3	0.085 9
	(0.00)	(0.67)

续表

	(1)	(2)
	出口值取对数	出口值取对数
	资本或技术密集型行业	劳动密集型行业
人口规模	0.524*	0.311*
	(1.80)	(1.70)
企业规模	0.151***	0.239***
	(3.99)	(8.17)
企业年龄	−0.001 17	0.001 11
	(−0.52)	(0.88)
劳动生产率	0.058 7**	0.071 9***
	(2.46)	(5.32)
企业固定效应	是	是
行业—时间固定效应	是	是
省份—时间固定效应	是	是
观测值	408 530	1 087 249
R^2	0.798	0.803
P值		0

注:同表 6 - 1。

三、产品异质性分析

由于每类企业生产的产品和投入产出的差异,每类企业对交通运输时间的敏感程度是不同的(Hummel and Schaur,2013;Blyde and Molina,2015)。詹科夫等(Djankov. et al,2010)认为时间成本对贸易影响非常显著,产品在装船发货前每耽搁一天,贸易量将减少1%以上。其中,时间敏感商品(如易腐烂的农产品)的延迟影响更大。胡梅尔斯和苏柯(Hummels and Schaur,2013)通过实证研究发现每天的运输价值相当于货物价值的 0.6%至 2.1%,较长的运输时间会降低一个国家出口货物的可能性。因此,高铁对不同时间敏感性产品出口的影响也可能不同。本书受胡梅尔斯和苏柯(Hummel and Schaur,2013)以及科萨和戴米尔(Coşar and Demir,2016)的启发,出口运输中产品空运出口比重越高,意味着出口对时间越敏感,对时间敏感度产品进行刻画,并进一步分析对高附加值组件零部件类产品和鲜活类产品的差异化影响。其中:(1)零部件类的生产出口商的时间敏感性更高,非组件零配件的时间敏感性相对低,产品名称中含"组件、零件、芯片"等字眼,Component 取 1,否则为 0;(2)产品名称中含"鲜、活、冷、冻"等字眼,Fresh 取 1,其出口产品为时间敏感性高的产品,否则为 0,其出口产品为时间敏感性低的产品。表 6-5 为海关数据 HS8 位产品加总到企业层面的实证结果。第(1)列表明高铁显著促进了城市产品出口。第(2)列至第(4)列表明,高铁开通对空运比重更高的产品,特别是高附加值组件类产品的出口影响更大。这与芬斯特拉和马(Feenstra and Ma,2014)的研究相一致,零部件的中间品对时间敏感性特别高,运输延误会波及上游生产链,进而影响产品贸易。同样,赫柯曼和史斐德(Hoekman and Shepherd,2015)利用对非洲国家的世界银行企业调查数据实证研究发现出口清关时间会显著降低企业的直接出口。然而,实证分析中对鲜活类产品出口未产生显著影响,提示高铁开通对企业出口产生影响的作用渠道并不在于产品的运输环节(可变贸易成本),再次验证了高铁影响企业出口源自降低其固定贸易成本的机制。

表 6-5　　产品时间敏感度异质性分析

	(1)	(2)	(3)	(4)
	出口值取对数	出口值取对数	出口值取对数	出口值取对数
是否开通高铁	0.129*	0.005 00	0.108	0.128*
	(1.71)	(0.60)	(1.46)	(1.69)
是否有机场	0.132	0.157***	0.133	0.132
	(0.49)	(9.83)	(0.49)	(0.48)
高速公路密度	−0.281***	−0.282***	−0.281***	−0.281***
	(−3.68)	(−45.99)	(−3.68)	(−3.68)
是否有普通铁路	−0.280	−0.259***	−0.281**	−0.280*
	(−2.13)	(−18.32)	(−2.13)	(−2.13)
人均国内生产总值	0.336*	0.332***	0.335*	0.336*
	(1.77)	(28.57)	(1.77)	(1.77)
人口规模	1.066**	1.053***	1.066*	1.066**
	(2.23)	(41.75)	(2.23)	(2.23)

续表

	(1)	(2)	(3)	(4)
	出口值取对数	出口值取对数	出口值取对数	出口值取对数
工业化程度	−0.0608*	−0.0610***	−0.0607*	−0.0609*
	(−1.86)	(−19.62)	(−1.86)	(−1.86)
空运比重高的产品		−6.77***		
		(−112.58)		
高铁×空运比重高的产品		0.662***		
		(34.78)		
高附加值组件类产品			−0.117***	
			(−3.72)	
高铁×高附加值组件类产品			0.360***	
			(8.52)	
"鲜活、冷冻"类产品				−0.0507
				(−1.29)
高铁×"鲜活、冷冻"类产品				0.0455
				(1.07)
时间固定效应	是	是	是	是
城市固定效应	是	是	是	是
产品固定效应	是	是	是	是
观测值	2 971 799	2 971 799	2 971 799	2 971 799
R^2	0.084 1	0.088 0	0.084 2	0.084 1

注:同表6-1。

第二节　高铁站选址异质性分析

前文机制研究表明高铁通过便利高技能劳动力流动、降低固定贸易成本，进而促进企业出口。因此，理论上而言，高铁站究竟是建在城市中心(行政中心)还是城乡接合部对高铁的企业出口效应对人员流动便利性造成影响，进而对企业出口效应产生影响。此外，考虑到在中国高铁实际建设中，地方财政和中央政府财政两个主体的同时参与，使得关于高铁站建设的博弈尤为复杂。现实中,大部分新建高铁站建于城乡接合部,引发了大众由"是否修建高铁"的争路运动转为"在哪里修建高铁"的热烈讨论。因此,探究高铁站与城市中心的距离对高铁企业出口效应的影响具有重要价值,对于现实中高铁选址也具有重要指导意义。

高铁站相对城市中心的区位关系主要包括以下三种:机场飞地型、城市边缘型和城市中心型(图6-1)。其中,城市中心型高铁站多由旧站改造而来,城市边缘型则是多为了塑造城市新的增长极,出于成本因素的考虑设立在远郊的站点(机场飞地型)是新建高铁站中最常见的类型。本书中,我们结合经纬度数据利用 Arc-GIS 筛选并计算出了距离每一城市中心最近的高铁站及其距离①。表6-6显示的是北京、上海、广州和深圳四个城市的高铁选址结果,发现中国高铁站距离城市中心的距离差异较大,为1.9~20.2公里。我们进一步分析了高铁站点与城市中心不同直线和道路距离对企业出口影响的估计结果(表6-7),表中第(1)、(2)、(3)列分别对应高铁站距离城市中心0~10公里、

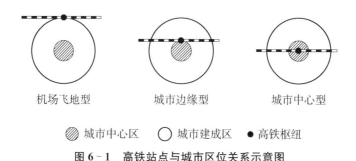

机场飞地型　　　　　城市边缘型　　　　　城市中心型

⬓ 城市中心区　　○ 城市建成区　　● 高铁枢纽

图6-1　高铁站点与城市区位关系示意图

---

① 本研究分别统计了两个距离——直线距离和道路行驶距离。如前文所说明的,城市与城市之间的道路距离是参考郑思齐和卡恩(Zheng and Khan,2013)的处理,采用了1.2倍于直线距离的测算方法。但是,高铁站与城市中心的道路距离为城市内交通,若继续用固定倍数的测算方法,我们验证发现误差较大。因此,这里的处理是:高铁到与城市中心的"直线距离"仍旧由 GIS 基于经纬度计算得到,而"道路行驶距离"则是在找出距城市中心最近的站点后,将那个站点导入百度地图开放平台,再手工检索得到二者之间的导航道路距离(若有多条导航路线,选程最短的结果)。

10～30公里和30～50公里直线距离三组①分样本的回归。实证结果表明,当高铁站与城市中心的道路距离超过30公里后,高铁对出口的促进作用消失。在道路距离的回归中得出一致结论,表明高铁开通对企业出口的促进作用具有空间限制,为高铁站与其所在城市中心的30公里的道路距离。高铁站距离城市中心距离太远可能抵消高铁自身快速的优势,进而对企业的出口效应消失。

表6-6 北上广深高铁站点信息比较

城市	城市经度	城市纬度	境内高铁站数目	最近站点	最近站点经度	最近站点纬度	最近直线距离(公里)	最近道路距离(公里)
北京	116.40	39.90	2	北京南站	116.39	39.87	5.0	7.0
上海	121.47	31.23	5	上海站	121.46	31.26	2.8	3.6
广州	113.27	23.13	3	广州南站	113.27	22.99	15.8	20.2
深圳	114.11	22.55	4	福田站	114.06	22.54	0.4	1.9

表6-7 高铁站与城市中心不同直线和道路距离的影响分析

	(1)	(2)	(3)	(4)	(5)	(6)
	出口值取对数直线距离			出口值取对数道路距离		
	0～10公里	10～30公里	30～50公里	0～10公里	10～30公里	30～50公里
是否开通高铁	0.119***	0.121*	−0.0100	0.150***	0.00619*	−0.0595
	(6.51)	(1.95)	(−0.03)	(6.74)	(1.74)	(−0.17)
是否有机场	−0.208***	−0.263**	−0.811***	−0.272***	−0.308***	−181.2
	(−3.77)	(−2.10)	(−7.77)	(−4.34)	(−3.19)	(−0.00)
高速公路密度	0.0143	−0.0102	0.915***	0.0586*	0.0375	0.408**
	(0.55)	(−0.18)	(6.30)	(1.80)	(0.78)	(2.46)
是否有普通铁路	−0.334***	0.249	−0.357***	−0.287***	0.253***	−0.110
	(−4.75)	(1.39)	(−5.40)	(−2.84)	(6.02)	(−1.37)

---

① 这个分组依据,是结合了伯纳德等(Bernard et al., 2019)的处理和中国高铁站与城市中心的距离统计结果的现实情况而定的。

续表

	(1)	(2)	(3)	(4)	(5)	(6)
	出口值取对数直线距离			出口值取对数道路距离		
	0~10公里	10~30公里	30~50公里	0~10公里	10~30公里	30~50公里
国内生产总值	0.0398	1.049***	0.204*	0.248***	0.277***	0.663***
	(0.60)	(14.04)	(1.71)	(3.27)	(5.57)	(6.20)
人口规模	0.318**	1.806*	3.171***	0.550***	3.589***	12.67***
	(2.14)	(1.85)	(6.76)	(3.32)	(5.49)	(11.66)
企业规模	0.272***	0.216***	0.0752***	0.273***	0.247***	0.0291
	(38.35)	(13.96)	(4.65)	(34.19)	(20.71)	(1.45)
企业年龄	0.0000915	0.00353*	0.00307	0.000628	0.00158	−0.00224
	(0.11)	(1.66)	(1.19)	(0.69)	(1.02)	(−0.77)
劳动生产率	0.0689***	0.0678***	0.0308**	0.0638***	0.0944***	0.0487***
	(11.05)	(4.83)	(2.12)	(9.23)	(8.61)	(2.67)
企业固定效应	是	是	是	是	是	是
行业—时间固定效应	是	是	是	是	是	是
省份—时间固定效应	是	是	是	是	是	是
观测值	832336	217925	154810	651421	349716	105279
R^2	0.776	0.809	0.773	0.780	0.795	0.800

注:同表6-1。

第三节　企业异质性分析

不同的企业类型、企业所在不同行业特性都会对高铁带来的企业出口变化产生影响。按资本类型分为外资企业和内资企业,按所有制分为国有企业和非国有企业,按进入市场的时间分为在位企业和新进入企业。其中,在位企业和新进入企业的划分通过企业法人代码来检验。如果在2008年及以前都没有某个企业的代码资料,而在2008年以后(包括2008)年出现其相关信息,则该企业为新进入企业;而 2008 年前、后均存在的属于在位企业(陈艳莹和吴龙,2015)。然后,分别对各组子样本的数据就高铁对企业出口影响进行估计。本节从企业异质性分析高铁对企业出口的影响。

一、国有企业与非国有企业

表 6-8 是高铁对国有企业和非国有企业出口的影响实证检验结果,我们发现,与国有企业相比,高铁对非国有企业的影响更加显著。可能的原因在于:(1)能够进入国际市场参与出口的国有企业比重很低,仅为 1.58%(文东伟和冼国明,2014),且进行出口的产品以石油化工、通讯、物流、钢材企业等为主导(钱学峰和余戈,2013),而这类产品的特殊性质、涉及数(重)量巨大、金额巨大,往往更加依赖于政府层面或行业协会层面促成合同的建立与达成;(2)相比于国有企业,非国有企业(私有企业和外资企业)更多需要自行找寻国际贸易伙伴、达成贸易合同。而高铁开通主要通过促进人与人之间面对面交流,降低固定贸易成本促进企业出口,因而可能对非国有企业的出口影响更大。

表 6-8 高铁对国有企业和非国有企业出口的影响分析

	(1) 出口值取对数 国有企业	(2) 出口值取对数 非国有企业
是否开通高铁	0.224 (0.27)	0.115* (1.84)
是否有机场	0.257** (2.17)	−0.186** (−2.20)
高速公路密度	0.0247 (0.50)	0.0312 (0.67)
是否有普通铁路	0.0727 (0.68)	−0.0682 (−0.84)
国内生产总值	0.486*** (3.02)	0.0498 (0.38)
人口规模	−0.250* (−1.70)	0.472** (2.02)

续表

	（1） 出口值取对数 国有企业	（2） 出口值取对数 非国有企业
企业规模	0.0639** (2.09)	0.212*** (6.90)
企业年龄	0.00179 (0.78)	0.000647 (0.48)
劳动生产率	0.0312** (2.20)	0.0709*** (5.22)
企业固定效应	是	是
行业—时间固定效应	是	是
省份—时间固定效应	是	是
观测值	66 999	1 430 454
R²	0.760	0.800
P 值		0

注:同表6-1。

二、内资企业与外资企业

表6-9是高铁对内、外资企业出口的影响。实证结果显示,高铁开通对内资企业的出口有显著的促进作用。这与雷鼎鸣(2011)和卢(Lu,2012)所论述的"中国企业出口生产率悖论"相一致。由于"市场分割",中国的出口企业生产率平均而言都比不上以内销为主要目的的企业。而高铁能够促进面对面交流,进而打破"市场分割"。此外,斯文森和陈阳(Swenson and Chen,2014)、孙浦阳等(2015)、黄远浙等(2017)、马诺瓦和张郑(Manova and Zhang,2009)等研究发现相较于内资企业,具有更多先行出口经验的外资企业往往拥有更成熟的国际信息网络、对海外市场更强的认知能力和更高的管理技术。因此,相较于外资企业,内资企业更需要出口复杂信息的交流,如对市场的了解、企业间供应关系的建立、港口通关时的信息交流,对高铁带来的商务谈判中面对面交流成本下降更加敏感,进而促进其出口。

表6-9　高铁对内资企业和外资企业出口的影响分析

	（1）出口值取对数 外资	（2）出口值取对数 内资
是否开通高铁	-0.0760	0.119*
	(-0.47)	(1.81)
是否有机场	-0.883***	-0.0278
	(-3.07)	(-0.47)
高速公路密度	0.155	0.0130
	(1.11)	(0.34)
是否有普通铁路	0.0217	-0.0685
	(0.10)	(-0.71)
国内生产总值	0.425*	-0.0357
	(1.82)	(-0.45)
人口规模	1.570**	0.251*
	(2.04)	(1.87)
企业规模	0.317***	0.215***
	(5.64)	(8.64)
企业年龄	0.00957	0.000478
	(1.15)	(0.43)
劳动生产率	0.151***	0.0518***
	(4.18)	(4.84)
企业固定效应	是	是
行业—时间固定效应	是	是
省份—时间固定效应	是	是
观测值	270 407	1 226 954
R^2	0.804	0.746
P值		0

注:同表6-1。

三、在位企业与新进企业

表6-10是高铁对在位企业和新进入企业出口的影响。结果表明,高铁主要对在位企业产生显著促进作用。这可能是由于与在位企业相比,新进入企业规模较小所致。根据梅里兹(Melitz,2003)的理论认为,随着贸易成本下降,只有一定规模以上的企业进行扩张导致出口上升,而对于规模较小的新进入企业

有可能收缩导致出口下降。如陈艳莹和吴龙(2015)研究发现新进入企业并没有降低在位企业的利润率水平,反而因为逃离竞争效应在总体上提升了在位企业的利润率水平。与新进入企业不同,在位企业的生产、销售条件都比较成熟,对外来冲击有其应对机制,且总体上能接收正向激励。因此,正向的外部冲击(交易成本的降低)对在位企业的出口产生更为显著的促进作用。

表 6-10　　高铁对在位企业和新进企业出口的影响分析

	(1) 出口值取对数 在位企业	(2) 出口值取对数 新进企业
是否开通高铁	0.119*	0.100
	(1.89)	(0.83)
是否有机场	−0.159**	−0.226
	(−1.98)	(−1.29)
高速公路密度	0.0326	−0.224
	(0.73)	(−0.84)
是否有普通铁路	−0.0568	−0.622**
	(−0.70)	(−2.16)
国内生产总值	0.0666	1.262*
	(0.51)	(1.87)
人口规模	0.396*	0.482
	(1.88)	(0.56)
企业规模	0.217***	−0.0625
	(7.35)	(−0.34)
企业年龄	−0.000104	0.0397
	(−0.08)	(0.30)
劳动生产率	0.0668***	−0.0230
	(5.36)	(−0.19)
企业固定效应	是	是
行业—时间固定效应	是	是
省份—时间固定效应	是	是
观测值	1493903	6934
R²	0.799	0.906
P 值		0

注:同表 6-1。

第四节　地区异质性分析

机制探究发现高铁开通提高了高铁城市的市场准入,使得它与其他城市之间的经济往来成本降低,从而使得高铁城市的企业出口受到正向激励。但是,中国是一个经济大国,由于长期以来形成的区域保护与市场分割有着根深蒂固的社会基础,地区间普遍存在着"以邻为壑"的"囚徒困境"式的市场分割现象。因而,高铁开通可能对不同地区企业出口产生差异化影响。此外,既往有研究用通关时间来衡量一国的海关效率(Wilson and Mann,2003)、通关效率(董银果和吴秀云,2017)或港口效率(万晓宁和孙爱军,2015;谭晶荣和华曦,2016),甚至有学者直接用通关时间来衡量贸易便利化(Martinez-Zarzoso and Marquez-Ramos,2008;Persson,2008;Djankov et al.,2010;Bourdet and Persson,2012,2014;Nguyen Viet,2015),出口通关时间短表明贸易便利化水平提高。理论上而言,对那些位于通高铁后能直接与港口建立联系的城市或有机场的城市的企业,意味着企业进行出口时与港口的信息交流效率将进一步提高,企业要开展出口贸易的配套交通基础设施更为完备,因此应该会有更加显著的正向影响。据此,我们进一步对东部、非东部地区,是否直达港口以及是否有机场进行了进一步分析。如表6-11显示,高铁开通仅促进了东部地区企业出口,并且对直达港口城市的企业影响更大,但是高铁所在城市是否有机场对企业出口未产生显著影响。这与高速公路显著降低可变贸易成本,从而提高国内、国际市场整合效率,更加促进非港口城市和非东部地区企业出口不同(Liu et al.,2017),高铁显著促进了固定贸易成本的降低,对企业出口效应主要体现在东部地区和直达港口城市的企业。虽然"是否有机场"对高铁的出口效应的影响为正,但是不显著。这可能是由于高铁与机场影响出口产品的类别上的差异。如上一节结果所示,高铁开通对"鲜、活、冷、冻"类时间敏感度产品的出口没有呈现显著的促进影响,但是航空运输对其进出口却具有保障性的意义(Micco and

Serebrisky，2006；王永进和黄青，2017；逯建等，2018）。上述结果进一步支持了高铁开通对企业出口产生影响的作用渠道并不在于产品的运输环节。

表 6-11 地区异质性分析

	（1） 出口值取对数 东部	（2） 出口值取对数 非东部	（3） 出口值取对数	（4） 出口值取对数
是否开通高铁	0.141* (1.83)	−0.0441 (−1.12)	0.114 (0.91)	0.191 (1.04)
是否有机场	−0.224* (−1.97)	−0.0505 (−0.81)	−0.419*** (−4.01)	−0.410*** (−3.92)
高铁×机场			0.217 (1.42)	
是否直达港口				19.54 (0.00)
高铁×是否直达港口				0.514*** (2.63)
高速公路密度	0.0559 (0.60)	−0.0421* (−1.92)	−0.110 (−1.60)	−0.107 (−1.58)
是否有普通铁路	0.0670 (0.53)	0.0942 (1.09)	0.211* (1.67)	0.213 (1.62)
国内生产总值	−0.276* (−1.95)	−0.0614 (−0.84)	−0.0261 (−0.08)	−0.0224 (−0.07)
人口规模	2.927*** (2.69)	0.0996 (0.94)	1.584* (1.82)	1.491* (1.76)
企业规模	0.266*** (6.06)	0.132*** (9.49)	0.231*** (6.07)	0.235*** (6.13)
企业年龄	−0.000651 (−0.37)	0.00247* (1.78)	0.00556*** (3.35)	0.00546*** (3.32)
劳动生产率	0.0519*** (3.37)	0.0414*** (4.71)	−0.0161 (−1.31)	−0.0114 (−0.97)
企业固定效应	是	是	是	是
行业—时间固定效应	是	是	是	是
省份—时间固定效应	是	是	是	是
观测值	1 089 108	412 291	1 588 702	1 588 702
R²	0.798	0.756	0.778	0.778
P 值		0		

注：同表 6-1。

本章在探究高铁对企业出口实证研究的基础上,进一步深入探究了其影响机制,结果发现高铁促进了企业出口扩展边际的增加,对资本或技术密集型行业、时间敏感性产品、高铁直达港口的城市、东部城市的企业出口促进作用更大,高铁的出口效应范围为高铁站距离其所在城市中心 30 公里以内的道路距离。异质性分析结果为高铁通过促进企业间信息交流和技术溢出,降低固定贸易成本促进企业出口提供了依据。高铁的作用不同于公路运输降低物流成本,而是通过促进信息和知识的传递和溢出促进了企业出口。高铁出行的成本本身是不低的,但可能信息传递和知识溢出带来的收益高于为此付出的成本。只有附加值高的产品才能承担这样的成本:一方面,高附加值产品的生产企业通过知识溢出效应获得竞争力的提升(降低固定成本途径);另一方面,产品的高附加值使企业这样做变得有利可图,即使要付更多的钱(例如技术交流和获取、企业产品的推广等),但产品附加价值的提升能克服这一约束,帮助企业提升出口产品的多样性,并进入更广阔的市场,反映出来的是我国制造业出口转型升级的现实。进一步进行企业异质性分析发现,非国有企业、外资企业、在位企业更能从高铁带来的贸易成本下降中获益,进而促进企业出口。上述研究结果具有以下启示意义。(1)关于企业出口结构转型。据统计,1995—2005 年中国的出口增长主要沿着集约边际实现,扩展边际占据比重很小(王孝松等,2014)。本书通过对贸易成本和企业出口结构分解发现高铁开通显著降低了固定贸易成本,对企业出口的扩展边际产生促进作用,为我国企业出口结构的转型提供了一个发展契机。(2)关于高铁差异化影响。高铁作为客运专线,不同于其他交通基础设施,如高速公路、铁路等,主要促进了资本或技术密集型、时间敏感性、直达港口城市的企业出口。因此,在面对交通基础设施条件变化时,要求企业结合地区交通基础设施的发展调整生产以增强自身的市场竞争力。(3)关于高铁修建的问题。本研究发现,高铁开通确实显著促进了企业出口,但是高铁的出口效应作用范围为高铁站距离城市中心的 30 公里以内的道路距离,为现实中各地区轰轰烈烈的"争路运动"到"高铁选址"热论的转变提供了理论依据。

虽然,对高铁规划者而言,受政治、安全和施工能力等因素限制,高铁路线在走向方面实际的自由度十分有限,但是鉴于高铁站相对城市中心位置对高铁经济效应的影响,未来高铁站如何布局是提高规划科学性及增强高铁福利效应的有效改进方向。

第七章　总结与展望

随着贸易自由化的推进，复杂信息交流通过改变固定贸易成本对出口的影响研究获得了越来越多学者的关注。有别于其他交通运输方式，高铁作为客运专线为不同贸易成本（可变贸易成本和固定贸易成本）改变对出口的影响提供了良好的情境和数据支撑。围绕着高铁引致的贸易成本变动如何影响企业出口的问题，本书结合既往文献对高铁开通影响企业出口进行理论研究，实证检验了高铁开通对企业出口的作用大小及其作用机制。基于理论机制和高铁旅客特征，对不同人群的影响进行定量分析和构建市场准入指标分析高铁通过影响高技能人员流动改变固定贸易成本影响企业出口的内在机制，并且分别从出口特征异质性（出口二元边际、行业异质性、产品异质性）、高铁站选址异质性、地区异质性、企业异质性（国有企业与非国有企业、外资企业与内资企业、在位企业与新进企业）等视角探究高铁开通对企业出口的差异化影响。本章对前文的研究进行概括，总结和归纳本书的主要结论，并在此基础上得出相应的政策启示。最后，就本研究存在的不足和局限性进行说明，以及对未来该领域研究方向提出展望。

第一节　主要结论与政策启示

一、主要结论

第一，关于高铁开通与贸易成本变动。在既往文献以及企业间贸易模型基础上，我们构建了简易模型从理论上探究高铁开通对企业出口的影响。本书发现，高铁一方面能够通过促进高技能劳动力流动加强企业间关联，通过降低固定贸易成本促进企业出口;另一方面,高铁作为交通运输网络的重要组成部分,高铁通过释放铁路、高速公路的货运运能进而降低可变贸易成本促进企业出口。

第二,关于高铁开通与企业出口。基于2000—2011年企业微观面板数据的实证发现高铁开通对企业出口的回归系数显著为正,大小为12.7%,提示当其他条件不变时,相比于未开通高铁城市,开通高铁城市的企业出口提高了12.7%。采用多种稳健性检验,包括PPML方法、Truncreg模型、计划修建高铁数据、生产率替代指标和分时间段亚组回归等,结果始终稳健。进一步,借鉴费伯(Faber,2014)构建计算基于地理信息的"最小生成树"作为高铁的工具变量,来处理由于高铁布局非随机而导致的内生性问题,回归结果与原结论相一致。

第三,关于高铁开通影响企业出口的作用机制。基于理论机制,通过统计和实证分析高铁、普通铁路、公路、航空等交通运输方式客运/货运情况,发现大部分高铁出行旅客为商务出行,与既往研究结果相一致(吴康等,2013;Ollivier et al.,2014),但是对其他运输方式货运量的影响都不显著。进一步采用"市场准入"(Donaldson and Hornbeck,2016)指标刻画高铁引致的固定贸易成本变化,发现高铁开通显著提高了城市市场准入,降低了面对面交流的成本,使得企业能更快更好地获取复杂信息。基于企业出口的二元边际、行业异质性、产品异质性、地区异质性、高铁站选址视角对机制进行再验证,结果显示高铁促进了企业出口扩展边际的增加;对资本或技术密集型行业、时间敏感性产品、东部地区企业、高铁直达港口城市的企业出口促进作用更大,高铁的出口效应范围为高铁站距离其所在城市中心30公里以内的道路距离。企业异质性分析发现,非国有企业、外资企业、在位企业更能从高铁带来的贸易成本下降中获益,进而促进企业出口。

第四,关于高铁开通与不同人群收入。本章通过匹配高铁数据、地理矢量数据、中国地级市城市数据、全国流动人口数据对不同人群的差异化影响进行探究。结果显示高铁开通促进了建筑行业低技能劳动力的就业,但是加强了金融行业高技能劳动力向中心城市的集聚;流动人口、受教育年限长的居民和城市居民均从高铁开通中获益。上述结论借鉴费伯(Faber,2014)的思路,基于地理信息为高铁构建了"最小生成树"的工具变量,处理高铁建设过程中的内生性问题,采用多种方法进行稳健性检验,回归结果依然支持原结论。

二、政策启示

研究结果对中国高铁修建和中国企业出口结构的优化升级均具有重要指导价值。(1)关于高铁修建的问题。本研究发现,高铁开通确实显著促进了企业出口,但是高铁对中小城市的服务行业、金融行业、研发行业等人员虹吸到大城市,也导致不同人群的收入产生差距,带来收入不平衡问题。2017 年党的"十九大"报告指出我国社会主要矛盾已经转为"人民日益增长的美好生活需要和不平衡不充分的发展之间的矛盾"。从此种意义而言,高铁建设并非减少地区发展不平衡的有效政策工具。民众在信息不完全下作出的判断甚至进行的"争路运动",学界和政策制定者应该予以更多引导和解惑;对于经济欠发达地区的中西部城市,对高铁的福利效益应该有更理性的预期,理性地看待连入高铁网络的时间节点,增强对高铁建设节奏与速度的把握。(2)关于企业出口结构转型。据统计,1995—2005 年中国的出口增长主要沿着集约边际实现,扩展边际占据比重很小(王孝松等,2014)。本书通过对贸易成本和企业出口结构分解发现高铁开通显著降低了固定贸易成本,对企业出口的扩展边际产生促进作用,为我国企业出口结构的转型提供了一个发展契机。(3)关于企业选址的问题。本书研究发现高铁的出口效应作用范围为高铁站距离城市中心的 30 公里以内的道路距离。然而,对高铁规划者而言,受政治、安全和施工能力等因素限制,高铁路线在走向方面实际的自由度十分有限。高铁作为客运专线,不同于其他交通基础设施,主要促进了资本或技术密集型、时间敏感性、直达港口城市的企业出口。因此,在面对交通基础设施条件变化时,企业结合地区交通基础设施的发展调整企业选址是促进企业出口一个有效的优化改进方向。本书为现实中各地区轰轰烈烈的"争路运动"到"高铁选址"热论的转变提供了理论依据。(4)关于不同类型交通基础设施的协调发展的问题。现代交通网络的构成远比本书的设定更加复杂立体,各类交通设施之间、针对不同的运输对象,彼此存在繁复的相关关系。本书分析发现,高铁开通显著地正向影响铁路客运,而对民航客运带来显著的负向影响,并且对货运方面的影响都不显著。因此,要充分调动交通网络的经济效应潜力必然离不开交通网络内部各类交通基础设施的协调,这对现代交通网络的统筹规划与综合管理提出了更高的要求。

第二节　研究展望

本书从贸易成本变动的视角为中国高铁和企业出口提供了一个新的诠释,基于通高铁带来交流成本变化的分析(即国际贸易中国内部分贸易成本变化的机制)丰富了相关经验研究,更重要的是,本书为客观评估通高铁对企业出口的影响提供了微观层面上的依据。当然,本研究仍然存在一些不足和有待完善的地方,如下几个方面值得未来作进一步深入探索:

第一,追踪评估高铁的经济效应。2008 年京津城际高铁开通标志着中国首列高铁的开通,因此大部分城市都是在 2009 年及之后年份才通高铁。由于高铁开通时间仅覆盖 2008—2011 年,因此本研究选取 2000—2011 年作为样本,共计 11 年。未来随着世界高铁的进一步发展,尤其是"新丝绸之路"沿线上的高铁建设,可望对各国家和人民的生活方式、生产分布和福利水平带来显著的正向影响。全面追踪和评估高铁修建随时间自然增长或经济形势变化而形成的"时间效应"具有重要的现实意义。

第二,深入探讨高铁网络的影响。随着高铁的发展,高铁网络的建立,高铁逐渐与其他交通方式相连接,成为交通基础设施网络的重要组成部分。本书主要实证检验了中国高铁的大规模开通对企业出口的影响。未来将高铁纳入交通运输网络,全面反映出特定城市与全国其他城市之间基于高铁开通的网络联系,进而准确反映出信息交流机制,将使研究结果更趋近于真实世界。

第三,全面探讨中国高铁的福利效应。中国高铁主要通过与国民经济各部门和社会再生产各环节之间的技术经济联系和相互作用对社会经济各方面,包括工资水平、人均 GDP 等产生重要影响。本书集中探究高铁带来贸易成本变动对企业出口的影响。未来,对高铁在创新、GDP 等方面的研究利于全面评估高铁的福利效应。

第四,在未来,高速铁路还被期望能对全球产生巨大的影响,自从 2013 年中国提出"一带一路"倡议,也已经成为中国政府振兴"新丝绸之路"的重要组成之一。截至 2015 年,35 个国家和地区已经规划建设高铁,并与中国就这些高铁建设有密切的联系①。正在规划的一个全球的高铁网络(覆盖亚洲、欧洲、中东和非洲)总里程 9.3 万公里,60% 的工程预计在 2030 年前完成。中国政府已经与其他国家达成协定,建造 3.47 万公里的高铁,其中有 2.63 万公里是建在"新丝绸之路"上建设的,一旦建成将使乘客以 200 英里/小时的速度完成从上海到伦敦 9 200 公里的旅程。未来随着高速交通的引入,这个世界注定会联系得更加密切,这无疑会对交通网络沿线的生活方式、生产分布和幸福程度产生影响。探究这样的基础设施建设在多大程度上提升生产效率和生活水平,对学界和政界来说都是非常重要的议题。

---

① 参见:http://www.nextbigfuture.com/2015/02/china-spending-to-build-40000-miles-of.html。

参考文献

［1］阿齐兹·拉曼·卡恩.改革和发展中的中国贫困问题分析[M]//赵人伟,
等.中国居民收入分配再研究.北京:中国财经经济出版社,1999.

［2］卞元超,吴利华,白俊红.高铁开通、要素流动与区域经济差距[J].财贸经
济,2018,39(06):147-161.

［3］陈阵,隋岩.贸易成本如何影响中国出口增长的二元边际——多产品企业
视角的实证分析[J].世界经济研究,2013,(10):43-48.

［4］陈丰龙,王美昌,徐康宁.中国区域经济协调发展的演变特征:空间收敛的
视角[J].财贸经济,2018,39(07):128-143.

［5］初楠臣,张平宇,姜博.基于日高铁流量视角的中国高速铁路网络空间特
征[J].地理研究,2018,(11):10-13.

［6］陈艳莹,吴龙.新企业进入对制造业在位企业利润率的影响——基于逃离
竞争效应及其异质性的视角[J].中国工业经济,2015,(08):50-65.

［7］陈钊,熊瑞祥.比较优势与产业政策效果——来自出口加工区准实验的证
据[J].管理世界,2015,(08):67-80.

［8］陈春阳,孙海林,李学伟.客运专线运营对区域经济的影响[J].北京交通
大学学报社会科学版,2005,4(4):6-10.

［9］陈勇兵,陈宇媚,周世民.贸易成本、企业出口动态与出口增长的二元边
际——基于中国出口企业微观数据:2000—2005[J].经济学(季刊),
2012,(04):1477-1502.

［10］逯建,杜清源,孙浦阳.时间成本、城市规模与人均经济增长——基于铁路
时刻数据的实证分析[J].管理世界,2018,34(5):74-85.

[11] 董银果,吴秀云.贸易便利化对中国出口的影响——以丝绸之路经济带为例[J].国际商务(对外经济贸易大学学报),2017,(02):26-37.

[12] 戴学珍,徐敏,李杰.京沪高速铁路对沿线城市效率和空间公平的影响[J].经济地理,2016,36(03):72-77+108.

[13] 邓涛涛,王丹丹,程少勇.高速铁路对城市服务业集聚的影响[J].财经研究,2017,43(7):119-132.

[14] 冯长春,丰学兵,刘思君.高速铁路对中国省际可达性的影响[J].地理科学进展,2013,32(8):1187-1194.

[15] 黄玖立,徐旻鸿.境内运输成本与中国的地区出口模式[J].世界经济,2012,(01):58-77.

[16] 黄小兵,黄静波.异质企业、贸易成本与出口——基于中国企业的研究[J].南开经济研究,2013,(04):111-126.

[17] 黄有光.社会福祉与经济政策[M].北京:北京大学出版社,2005.

[18] 黄文影.哈大高铁对沿线区域经济发展的影响研究[D].哈尔滨:哈尔滨工程大学,2015.

[19] 黄远浙,李鑫洋,王成岐.外资对中国企业出口影响的二元边际经验分析[J].国际贸易问题,2017,(05):116-127.

[20] 韩旭.高铁对中国城市可达性及区域经济空间格局的影响[D].长沙:湖南大学,2016.

[21] 胡天军,中金升.京沪高速铁路对沿线经济发展的影响分析[J].经济地理,1999,19(5):101-104.

[22] 黄张凯,刘津宇,马光荣.地理位置、高铁与信息:来自中国IPO市场的证据[J].世界经济,2016,(10):127-149.

[23] 蒋海兵,徐建刚,祁毅.京沪高铁对区域中心城市陆路可达性影响[J].地理学报,2010,65(10):1287-1298.

[24] 嵇昊威,赵媛.长三角高速铁路网建设对江苏省煤炭铁路运输能力的影响

[J].自然资源学报,2014,(02):304-312.

[25] 雷鼎鸣.中国与世界经济大变局[M].北京:中信出版社,2011.

[26] 龙玉,赵海龙,张新德.时空压缩下的风险投资——高铁通车与风险投资区域变化[J].经济研究,2017,(04):195-208.

[27] 龙玉,李曜,宋贺.高铁通车与风险投资绩效[J].经济学动态,2019,(1):76-91.

[28] 林毅夫,蔡昉,李周.中国经济转型时期的地区差距分析[J]经济研究,1998,(6):3-10.

[29] 刘勇政,李岩.中国的高速铁路建设与城市经济增长[J].金融研究,2017,(11):18-33.

[30] 刘冲,周黎安.高速公路建设与区域经济发展:来自中国县级水平的证据[J].经济科学,2014,(02):55-67.

[31] 陆铭,陈钊.城市化、城市倾向的经济政策与城乡收入差距[J].经济研究,2004,(06):50-58.

[32] 罗能生,彭郁.交通基础设施建设有助于改善城乡收入公平吗?——基于省级空间面板数据的实证检验[J].产业经济研究,2016,(04):100-110.

[33] 骆嘉琪,匡海波,杨月等.基于旅客出行视角的高铁民航竞争因素分析[J].管理评论,2018,11:209-222.

[34] 李兵,岳云嵩,陈婷.出口与企业自主技术创新:来自企业专利数据的经验研究[J].世界经济,2016,(12):72-94.

[35] 李建斌.武广高速铁路旅客出行特征和集散特性调查与分析[J].铁道标准设计,2011(11):1-4.

[36] 李实.城乡差距是收入分配的最大不公[J].农村工作通讯,2011,(20):43-43.

[37] 罗平.绵成乐城际客运专线区域经济效应预测研究[D].成都:西南交通大学,2007.

[38] 罗鹏飞,徐逸伦,张楠楠.高速铁路对区域可达性的影响研究——以沪宁地区为例[J].经济地理,2004,24(3):407-411.

[39] 孟德友,陆玉麒.高速铁路对河南沿线城市可达性及经济联系的影响[J].地理科学,2011,(05):537-543.

[40] 孙培愿.高铁建成运营对区域物流及区域经济发展的影响研究[D].北京:北京交通大学,2012.

[41] 孙浦阳,蒋为,陈惟.外资自由化、技术距离与中国企业出口——基于上下游产业关联视角[J].管理世界,2015,266(11):53-69.

[42] 孙健韬.高速铁路对区域经济影响分析[D].北京:北京交通大学,2012.

[43] 宋文杰,朱青,朱月梅等.高铁对不同规模城市发展的影响[J].经济地理,2017,(10):57-63.

[44] 钱学锋.企业异质性、贸易成本与中国出口增长的二元边际[J].管理世界,2008,(09):48-56.

[45] 钱学锋,熊平.中国出口增长的二元边际及其因素决定[J].经济研究,2010,(01):65-79.

[46] 钱学锋,余弋.出口市场多元化与企业生产率:中国经验[J].世界经济,2014,(02):3-27.

[47] 曲如晓,杨修,刘杨.文化差异、贸易成本与中国文化产品出口[J].世界经济,2015,(09):130-143.

[48] 任晓红,张宗益.交通基础设施、要素流动与城乡收入差距[J].管理评论,2013,25(2):51-59.

[49] 唐宜红,姚曦.中国国有企业出口离"竞争中立"有多远?[R].经济研究,工作论文,2017,wp1209.

[50] 童光荣,李先玲.交通基础设施对城乡收入差距影响研究——基于空间溢出效应视角[J].数量经济研究,2014,(01):82-95.

[51] 谭晶荣,华曦.贸易便利化对中国农产品出口的影响研究——基于丝绸之

路沿线国家的实证分析[J].国际贸易问题,2016,(05):39-49.

[52] 谭语嫣,谭之博,黄益平,等.僵尸企业的投资挤出效应:基于中国工业企业的证据[J].经济研究,2017,(05):177-190.

[53] 文雁兵,陆雪琴.中国劳动收入份额变动的决定机制分析——市场竞争和制度质量的双重视角[J].经济研究,2018,(09):83-98.

[54] 王姣娥,焦敬娟,金凤君.高速铁路对中国城市空间相互作用强度的影响[J].地理学报,2014,69(12):1833-1846.

[55] 王孝松,施炳展,谢申祥,等.贸易壁垒如何影响了中国的出口边际?——以反倾销为例的经验研究[J].经济研究,2014,(11):58-71.

[56] 王强,张琼,杨杭军.中国民航业竞争行为的测度及其影响因素——基于公司和航线面板数据的实证研究[J].中国工业经济,2014(5):148-160.

[57] 王永进,黄青.交通基础设施质量、时间敏感度和出口绩效[J].财经研究,2017,43(10):97-108.

[58] 伍业春.武广高速铁路对沿线城市体系发展的影响研究[D].成都:西南交通大学,2009.

[59] 吴晓刚,张卓妮.户口、职业隔离与中国城镇的收入不平等[J].中国社会科学,2014,(06):118-140+208-20.

[60] 万晓宁,孙爱军.行业生产率与出口依存度的关系研究——以江苏制造业为例[J].中国矿业大学学报(社会科学版),2015,(03):60-68.

[61] 万威,龙小宁,庞东亮.行业间竞争与价格市场化:来自中国民航业改革的证据[J].世界经济,2019,42(3):168-192.

[62] 吴康,方创琳,赵渺希,等.京津城际高速铁路影响下的跨城流动空间特征[J].地理学报,2013,68(2):159-174.

[63] 许统生,涂远芬.中国贸易成本的数量、效应及其决定因素[J].当代财经,2010,(03):95-101.

[64] 许统生,李志萌,涂远芬,余昌龙.中国农产品贸易成本测度[J].中国农村

经济,2012,(03):14-24.

[65] 许统生,梁肖.中国加总贸易成本的测算及对制造业出口结构的影响[J].
财贸经济,2016,(03):123-137.

[66] 许统生,梁肖.中国加总贸易成本的测算及对制造业出口结构的影响[J].
财贸经济,2016,37(03):123-137.

[67] 徐利民.我国铁路客货分线运输发展研究[J].铁道运输与经济,2012,34
(11):20-27.

[68] 谢里,李白,张文波.交通基础设施投资与居民收入──来自中国农村的
经验证据[J].湖南大学学报(社会科学版),2012,26(1):82-86.

[69] 郇亚丽.新形势下高铁时代到来的区域影响研究[D].上海:华东师范大
学,2012.

[70] 姚树洁.世界金融危机之后高铁建设与中国经济持续发展[J].武汉大学
学报,2018,(06):114-128.

[71] 亚当·斯密.国民财富的性质和原因的研究[M].北京:商务印书
馆,1972.

[72] 殷广卫.新经济地理学视角下的产业集聚机制研究──兼论近十多年我
国区域经济差异的成因[M].上海:上海人民出版社,2011.

[73] 赵静,黄敬昌,刘峰.高铁开通与股价崩盘风险[J].管理世界,2018,34
(01):157-168+192.

[74] 张楠楠,徐逸伦.高速铁路对沿线区域发展的影响研究[J].地域研究与开
发,2005,24(3):32-36.

[75] 张克中,陶东杰.交通基础设施的经济分布效应──来自高铁开通的证据
[J].经济学动态,2016,(06):62-73.

[76] 张俊.高铁建设与县域经济发展──基于卫星灯光数据的研究[J].经济
学·季刊,2017,16(04):1533-1562.

[77] 张勋,万广华.中国的农村基础设施促进了包容性增长吗?[J].经济研

究,2016,(10):82 - 96.

[78] 张汉斌. 我国高速铁路对宏观经济的影响分析[J]. 理论学习与探索,2010 (5):11 - 13.

[79] 张梦婷,俞峰,钟昌标等. 高铁网络、市场准入与企业生产率[J]. 中国工业 经济,2018,(05):137 - 156.

[80] 周玉龙,杨继东,黄阳华,Hewings G. 高铁对城市地价的影响及其机制研 究——来自微观土地交易的证据[J]. 中国工业经济,2018,(05): 118 - 136.

[81] 赵娟,林晓言. 京津城际铁路区域经济影响评价[J]. 铁道运输与经济, 2010,32(1):11 - 15.

[82] 赵庆国. 高速铁路缩小我国区域差的作用机理分析[J]. 当代财经,2013 (4):106 - 112.

[83] 周孝文. 高速铁路对区域经济协调发展的影响[J]. 地域研究与开发, 2005,24(03):32 - 36.

[84] Afandizadeh Z S. Optimization of integrated multimodal urban transportation corridors [D]. Carleton University,1997.

[85] Aghion P, Bloom N, Blundell R, et al. Competition and innovation: an inverted-U relationship [J]. The Quarterly Journal of Economics,2005, 120(2):701 - 728.

[86] Ahlfeldt G M, Feddersen A. From periphery to core: measuring agglomeration effects using high-speed rail [J]. Journal of Economic Geography, 2015, 18(02):355 - 390.

[87] Amiti M, Konings J. Trade liberalization, intermediate inputs, and productivity: evidence from indonesia [J]. American Economic Review, 2007, 97(5):1611 - 1638.

[88] Amiti M, Freund C. The anatomy of China's export growth, in China's

Growing Role in World Trade [R]. NBER Working Papers, 2010.

[89] Amiti M, Khandelwal. Import competition and quality upgrading [J]. Review of Economics and Statistics, 2013, 95(02):476 - 490.

[90] Amurgo-Pacheco A, Pierola MD. Patterns of export diversification in developing countries: intensive and extensive margins [M]. World Bank, 2008.

[91] Anderson J E, Van Wincoop E. Trade costs [J]. Journal of Economic Literature, 2004, 42(3):691 - 751.

[92] Baier S L, Bergstrand J H. The growth of world trade: tariffs, transport costs, and income similarity [J]. Journal of International Economics, 2001, 53(1):1 - 27.

[93] Banerjee A, Duflo E, Qian N. On the road: transportation infrastructure and economic development [R]. NBER Working Paper, 2012.

[94] Baum-Snow N. Did highways cause suburbanization? [J]. Quarterly Journal of Economics, 2007, 122(2):775 - 805.

[95] Baum-Snow N, Brandt L, Henderson J, Turner M, Zhang Q. Roads, railroads and decentralization of Chinese cities [J]. Review of Economics and Statistics, 2017, 99(3):435 - 448.

[96] Behrens K, Lamorgese A R, Ottaviano G I P, et al. Changes in transport and non-transport costs: local vs global impacts in a spatial network [J]. Regional Science and Urban Economics, 2007, 37(6):625 - 648.

[97] Bertrand M, Duflo, Mullainathan S. How much should we trust differences-in-differences estimates? [J] The Quarterly Journal of Economics, 2004, 119(01):249 - 275.

[98] Berhrens C, Pels E. Intermodal competition in the London — Paris passenger market: high-speed rail and air transport [J]. Journal of

Urban Economics，2012，71(03):278－288.

[99] Bernard A B，Jensen J B，Schott P K. Trade costs，firms and productivity [J]. Journal of Monetary Economics，2006，53（5）:917－937.

[100] Bernard A B，Redding S J，Schott P K. Multiple-product firms and product switching [J]. American Economic Review，2010，100（1）:70－97.

[101] Bernard A，Moxnes A，Saito Y. Production networks，geography and firm peformance [J]. Journal of Political Economy，2019，127(2):639－688.

[102] Berger T，Enflo K. Locomotives of local growth: the short-and long-term impact of railroads in Sweden [J]. Journal of Urban Economics，2017，98:124－138.

[103] Blum U，Haynes K E，Karlsson C. Introduction to the special issue: the regional and urban effects of high-speed trains [J]. The Annals of Regional Science，1997，31(1):1－20.

[104] Boisso D，Ferrantino M. Economic distance，cultural distance，and openness in international trade: empirical puzzles [J]. Journal of Economic Integration，1997,12(4):456－484.

[105] Bougheas S，Demetriades P O，Morgenroth L W. Infrastructure，transport costs and trade [J]. Journal of International Trade，1999，47(01):169－189.

[106] Bourdet Y，Persson M. Completing the European Union Customs Union: the effects of trade procedure harmonization [J]. Journal of Common Market Studies，2012，50(2):300－314.

[107] Bourdet Y，Persson M. Expanding and diversifying south mediterranean

exports through trade facilitation [J]. Development Policy Review, 2014, 32(06):675 - 699.

[108] Brandt L, Biesebroeck J, Zhang Y. Creative accounting or creative destruction: firm level productivity growth in Chinese manufacturing [J]. Journal of Development Economics, 2012, 97(2):339 - 351.

[109] Cai H B, Liu Q, Xiao G. Does competition encourage unethical behavior? The case of corporate profit hiding in China [J]. Economic Journal, 2009,119:764 - 795.

[110] Caliendo L, Parro F. Estimates of the trade and welfare effects of NAFTA [J]. The Review of Economic Studies, 2015,82(1):1 - 44.

[111] Campante F, Yanagizawa-Drott D. Long-range growth: economic development in the global network of air links [R]. UBS Center Working Paper Series, 2016.

[112] Chandra A, Thompson E. Does public infrastructure affect economic activity?: evidence from the rural interstate highway system [J]. Regional Science and Urban Economics, 2000, 30(4):457 - 490.

[113] Chaney T. Distorted Gravity: the intensive and extensive margins of international trade [J]. American Economic Review, 2008, 98(4):1707 - 1721.

[114] Charnoz P, Lelarge C, Trevien C. Communication costs and the internal organization of multi-plant businesses: evidence from the impact of the French high-speed rail [J]. The Economic Journal, 2018, 128(610):949 - 994.

[115] Chen C L, Hall P. The impacts of high-speed trains on British economic geography: a study of the UK's intercity 125/225 and its effects [J]. Journal of Transport Geography, 2011, 19(4):689 - 704.

［116］ Clark X, Dollar D, Micco A. Port efficiency, maritime transport costs, and bilateral trade ［J］. Journal of Development Economics, 2004, 75 (2):417 - 450.

［117］ Coto-Millán P, Inglada V, Rey B. Effects of network economies in high-speed rail: the Spanish case ［J］. The Annals of Regional Science, 2007, 41(4):911 - 925.

［118］ Cosar A K, Demir B. Domestic road infrastructure and international trade: evidence from Turkey ［J］. Journal of Development Economics, 2016, 118: 232 - 244.

［119］ Criscuolo C, Martin R, Overman H, et al. The causal effects of an industrial policy ［R］. NBER Working Paper, 2012.

［120］ Cristea A D. Buyer-seller relationships in international trade: evidence from U. S. States' exports and business-class travel ［J］. Journal of International Economics, 2011, 84(02):207 - 220.

［121］ Costinot A, Donaldson D, Komunjer I. What goods do countries trade? A quantitative exploration of Ricardo's ideas ［J］. The Review of Economic Studies, 2012,79(02):581 - 608.

［122］ Disdier A C, Head K. The puzzling persistence of the distance effect on bilateral trade ［J］. The Review of Economics and Statistics, 2008, 90 (1):37 - 48.

［123］ Djankov, Freund, Pham. Trading on time ［J］. Review of Economics and Statistics, 2010, 92(1):166 - 173.

［124］ Donaldson D. Railroads of the Raj: estimating the impact of transportation infrastructure ［J］. American Ecomonic Review, 2018, 108(4 - 5):899 - 934.

［125］ Donaldson D, Hornbeck R. Railroads and American economic growth: a "market access" approach [J]. The Quarterly Journal of Economics, 2016, 131 (2):799 - 858.

[126] Dornbusch R, Fischer S, Samuelson P A. Comparative advantage, trade, and payments in a ricardian model with a continuum of goods [J]. American Economic Review, 1977, 67(5):823 - 839.

[127] Dong X, Zheng S, Kahn M E. The Role of transportation speed in facilitating high skilled teamwork [R]. NBER Working Paper, 2018.

[128] Duranton G, Puga D. Micro-foundations of urban agglomeration economies [J]. Handbook of Regional and Urban Economics, 2004, 4: 2063 - 2117.

[129] Duranton G, Turner M A. Urban growth and transportation [J]. The Review of Economic Studies, 2012, 79(4):1407 - 1440.

[130] Duranton G, Morrow P M, Turner M A. Roads and trade: evidence from the US [J]. The Review of Economic Studies, 2014, 81(2):681 - 724.

[131] Dutt P, Mihov I, Van Zandt T. The effect of WTO on the extensive and the intensive margins of trade [J]. Journal of International Economics, 2013, 91(2):204 - 219.

[132] Duval, Utoktham. Behind the border trade facilitation in Asia-Pacific: cost of trade, credit information, contract enforcement and regulatory coherence [R]. Working Papers from Econstor, 2009.

[133] Eaton J, Kortum S. Technology, geography, and trade [J]. Econometrica, 2002, 70(5):1741 - 1779.

[134] Eaton J, Kortum S, Francis K. Dissecting trade: firms, industries, and export destinations [J]. American Economic Review, 2004, 94(02):150 - 154.

[135] Eaton J, Eslava M, Kugler M. The margins of entry into export markets: evidence from Columbia[M]// Helpman E, Marin D, Verdier T. The organization of firms in a global economy. Cambridge, MA: Harvard University Press, 2008.

[136] Eaton J, Kortum S, Kramarz F. An anatomy of international trade: evidence from French firms [J]. Econometrics, 2011, 79(05):1453 - 1498.

[137] Eaton, J, Kortum S, Kramarz F. Firm-to-firm trade: imports, exports, and the labor market [J]. Discussion Papers, 2016.

[138] Eckel C, Neary J P. Multi-product firms and flexible manufacturing in the global economy [J]. Review of Economic Studies, 2010, 77(1):188 - 217.

[139] Estevadeordal A, Frantz B, Taylor A M. The rise and fall of world trade, 1870—1939 [J]. The Quarterly Journal of Economics, 2003, 118 (2):359 - 407.

[140] Epifani P, Gancia G. Trade, markup heterogeneity and misallocations [J]. Journal of International Economics, 2011, 83(1):1 - 13.

[141] Evenett S J, Venables. Export growth by developing economies: market entry and bilateral trade [R]. Working Papers from University of St. Gallen, 2002.

[142] Faber B. Trade integration, market size, and industrialization: evidence from China's national trunk highway system [J]. The Review of Economic Studies, 2014, 81 (3):1046 - 1070.

[143] Fan H, Li Y A, Yeaple S R. Trade liberalization, quality, and export prices [J]. Review of Economics and Statistic, 2015, 97(05):1033 - 1051.

[144] Fan S, Chang-kang C. Regional road development, rural and urban poverty: evidence from China [J]. Transport Policy, 2008, 15(05):305 - 314.

[145] Fajgelbaum P D, Schaal E. Optimal transport networks in spatial equilibrium [R]. National Bureau of Economic Research, 2017.

[146] Feenstra R, Kee H L. Export variety and country productivity: estimating the monopolistic competition model with endogenous productivity [J]. Journal of International Economics, 2008, 74(2):500 - 518.

[147] Feenstra R C. Measuring the gains from trade under monopolistic competition [J]. Canadian Journal of Economics, 2010, 43(1):1 - 28.

[148] Feenstra R C, Li Z, Yu M. Export and credit constraints under incomplete information: theory and empirical investigation from China [J]. Review of Economics and Statistics, 2014, 96: 729 - 744.

[149] Feenstra R C, Ma H. Trade facilitation and the extensive margin of exports [J]. The Japanese Economic Review, 2014, 65(02):158 - 177.

[150] Felbermayr G J, Kohler W. Exploring the intensive and extensive margins of world trade [J]. Review of World Economy, 2006, 142(04): 642 - 674.

[151] Fink C, Mattoo A, Neagu I C. Assessing the impact of communication costs on international trade [J]. Journal of International Economics, 2005, 67(2):428 - 445.

[152] Fogel R W. Railroads and American economic growth: essays in econometric history [M]. Baltimore:Johns Hopkins Univ. Press, 1964.

[153] Frensch R. Trade liberalization and import margins [J]. Emerging Markets Finance and Trade, 2010, 46(3):4 - 22.

[154] Freund C L, Weinhold D. The effect of the internet on international trade [J]. Journal of International Economics, 2004, 62(1):171 - 189.

[155] Gao Y, Whalley J, Ren Y. Decomposing China's export growth into extensive margin, export quality and quantity effects [J]. China Economic Review, 2014, 29, 19 - 26.

[156] Gutiérrez J, González R, Gomez G. The European high-speed train network: predicted effects on accessibility patterns [J]. Journal of Transport Geography, 1996, 4(4):227 - 238.

[157] Gutiérrez J. Location, economic potential and daily accessibility: an analysis of the accessibility impact of the high-speed line Madrid-Barcelona-French border [J]. Journal of Transport Geography, 2001, 9 (4):229 - 242.

[158] Harris C D. The Market as a factor in the localization of industry in the United States [J]. Annals of the Association of American Geographers, 1954, 44(4):315 - 348.

[159] Head K, Ries J. Increasing returns versus national product differentiation as an explanation for the pattern of US-Canada trade [J]. American Economic Review, 2001, 91(04):858 - 876.

[160] Head K, Mayer T. Gravity equations: workhorse, toolkit, cookbook [J]. Handbook of International Economics, 2014.

[161] Hensher D A. A practical approach to identifying the market potential for high speed rail: a case study in the Sydney-Canberra corridor [J]. Transportation Research Part A: Policy and Practice, 1997, 31(6): 431 - 446.

[162] Heuermann D, Schmieder J F. The effect of infrastructure on worker mobiliy: evidence from high-speed rail expansion in Germany [R].

NBER Working Paper, 2018.

[163] Hillberry R, Hummels D. Trade responses to geographic frictions: a decomposition using micro-data [J]. European Economic Review, 2008, 52(3):527 - 550.

[164] Hiscox M J, Kastner S. A general measure of trade policy orientations: gravity model, estimates for 76 nations, 1996 to 1992 [R]. Department of Harvard University, 2008.

[165] Hoekman B, Nicita A. Trade policy, trade costs, and developing country trade [J]. World Development, 2008, 39(12):2069 - 2079.

[166] Hoekman B, Shepherd B. Who profits from trade facilitation initiatives? Implications for African countries [J]. Journal of African Trade, 2015, 2(1 - 2):51 - 70.

[167] Hummels D L. Toward a geography of trade costs [J]. Available at SSRN 160533, 1999.

[168] Hummels D, Ishii J, Yi K M. The nature and growth of vertical specialization in world trade [J]. Journal of International Economics, 2001, 54(1):75 - 96.

[169] Hummels D, Klenow P J. The variety and quality of a nation's exports [J]. American Economic Review, 2005, 95(03):704 - 723.

[170] Hummels D. Transportation costs and international trade in the second era of globalization [J]. The Journal of Economic Perspectives, 2007, 21(3):131 - 154.

[171] Hummels D, Schaur G. Time as a trade barrier [J]. American Economic Review, 2013, 103(7):2935 - 2959.

[172] Jaworski T, Kitchens C T. National policy for regional development: evidence from Appalachian highways [R]. NBER Working

Paper，2016.

[173] Jianbin L. Survey and analysis on passenger travel characteristics and distribution features of Wuhan-Guangzhou high speed railway [J]. Railway Standard Design，2011，11：1－4＋10.

[174] Kancs A. Trade growth in a heterogeneous firm model：evidence from South Eastern Europe [J]. The World Economy，2007，30（7）：1139－1169.

[175] Ke X，Chen H，Hong Y M，et al. Do China's high-speed-rail projects promote local economy?：new evidence from a panel data approach [J]. China Economic Review，2017，44：203－226.

[176] Kim J，Lau L J. The sources of economic growth of the East Asian newly industrialized countries [J]. Journal of the Japanese and International Economies，1994，8(03)：235－271.

[177] Kneller R，Morgan C W，Kanchanahatakij S. Trade liberalisation and economic growth [J]. World Economy，2008，31(06)：701－719.

[178] Kobayashi K，Okumura M. The growth of city systems with high-speed railway systems [J]. The Annals of Regional Science，1997，31(1)：39－56.

[179] Krugman P. Scale economies，product differentiation，and the pattern of trade [J]. The American Economic Review，1980，70(5)：950－959.

[180] Krugman P. Increasing returns and economic geography [J]. Journal of Political Economy，1991，99(03)：483－499.

[181] Lawless，M. Deconstructing gravity：trade costs and extensive and intensive margins [J]. Canadian Journal of Economics，2010，43（4）：1149－1172.

[182] Li X，Huang B，Li R，et al. Exploring the impact of high speed railways

on the spatial redistribution of economic activities: Yangtze River Delta urban agglomeration as a case study [J]. Journal of Transport Geography, 2016, 57:194 – 206.

[183] Limao N, Venables A J. Infrastructure, geographical disadvantage, transport costs, and trade [J]. The World Bank Economic Review, 2001, 15(3):451 – 479.

[184] Lin F, Tang Y, Yu F, et al. High-speed railway to success? The effects of HSR connection on regional economic development in China [J]. Journal of Regional Science, 2017,59(4):723 – 742.

[185] Lin Y. Travel costs and urban specialization patterns: evidence from China's high speed railway system [J]. Journal of Urban Economics, 2017, 98: 98 – 123.

[186] Li Z, Xu H. High-speed railroad and economic geography: evidence from Japan [J]. Journal of Regional Science, 2016,58(4):705 – 727.

[187] Liu D, Sheng L, Yu M. Highways and firms' exports: evidence from China [R]. Working Paper from Peking University, 2017.

[188] Lu D. Exceptional exporter performance? Evidence from Chinese manufacturing firms [R]. Working Papers from Yale University, 2012.

[189] Lynch T A, Sipe N, Polzin S E, et al. An analysis of the ecnomic impacts of Florida high speed rail [J]. Employment, 1998.

[190] Manova K, Zhang Z. China's exporters and importers: firms, products and trade partners [R]. NBER Working paper, 2009.

[191] Martincus C V, Blyde J. Shaky roads and trembling exports: assessing the trade effects of domestic infrastructure using a natural experiment [J]. Journal of International Economics, 2013, 90(1):148 – 161.

[192] Martincus C V, Carballo J, Cusolito A. Roads, exports and employment: evidence from a developing country [J]. Journal of Development Economics, 2017, 125, 21 – 39.

[193] Martí Henneberg J. Un balance del tren de alta velocidad en Francia. Enseñanzas para el caso esapañol [J]. Ería: revista cuatrimestral de geografía, 2000, 52: 131 – 143.

[194] Martinez-Zarzoso I, Márquez-Ramos L. The effect of trade facilitation on sectoral trade [J]. The B. E Journal of Economic Analysis and Policy, 2008, 8(01).

[195] Mayer T, Mayneris F, Py L. The impact of Urban enterprise zones on establishment location decisions and labor market outcomes: evidence from France [J]. Journal of Economic Geography, 2012, 17 (4): 709 – 752.

[196] Mayneris F, Poncet S. Chinese firms' entry to export markets: the role of foreign export spillovers [J]. The World Bank Economic Review, 2013, 29(01):150 – 179.

[197] Mccallum J. National borders matter: Canada-U. S. regional trade patterns [J]. American Economic Review, 1995, 85(3):615 – 623.

[198] Melitz M J. The impact of trade on intra-industry reallocations and aggregate industry productivity [J]. Econometrica, 2003, 71 (6): 1695 – 1725.

[199] Melitz M J. Language and foreign trade [J]. European Economic Review, 2008, 52(4):667 – 699.

[200] Melitz M J. Redding S J. Missing gains from trade? [J]. The American Economic Review, 2014, 104(5):317 – 321.

[201] Melitz J, Toubal F. Native language, spoken language, translation and

trade [J]. Journal of International Economics, 2014, 93(02):351 - 363.

[202] Micco A, Serebrisky T. Competition regimes and air transport costs: the effects of open skies agreements [J]. Journal of International Economics, 2006, 70(01):25 - 51.

[203] Milner C, McGowan D. Trade costs and trade composition [J]. Economic Inquiry, 2013, 51(1):101 - 121.

[204] Morten M, Oliveira J. Migration, roads and labor market integration: evidence from a planned capital city [J]. Unpublished Manuscript, 2014.

[205] Nakamuru H, Ueda T. The impacts of shinkansin on regional development [R]. Proceedings of WCTR,1989,3:95 - 109.

[206] Ng Y K. A case for happiness, cardinalism, and interpersonal comparability [J]. The Economic Journal, 1997, 107 (445): 1848 - 1858.

[207] Nguyen Viet C. The impact of trade facilitation on poverty and inequality: evidence from low-and middle-income countries [J]. The Journal of International Trade and Economic Development, 2015, 24 (3):315 - 340.

[208] Novy D. Gravity redux: measuring international trade costs with panel data [J]. Economic Inquiry, 2013, 51(3):1886 - 1902.

[209] Okada H. Features and economic and social effects of the Shinkansen [J]. Japan Railway and Transport Review, 1994.

[210] Ollivier G, Bullock R, Jin Y, et al. High-speed railways in China: a look at traffic [R]. China Transport Topic, 2014, No. 11.

[211] OU J, Richard D, Jin Y, Zhou N. High-speed railways in China: traffic analysis [R]. The World Bank Report: China Transport Note

Series, 2014.

[212] Pazour J A, Meller R D, Pohl L M. A model to design a national high-speed rail network for freight distribution [J]. Transportation Research Part A, 2010, 44(3):119 - 135.

[213] Pascali L. Banks and development: Jewish communities in the Italian Renaissance and current economic performance [J]. Review of Economics and Statistics, 2016, 98(01):140 - 158.

[214] Perl A D, Goetz A R. Corridors, hybrids and networks: three global development strategies for high speed rail [J]. Journal of Transport Geography, 2015, 42:134 - 144.

[215] Persson M. Trade facilitation and the EU-ACP economic partnership agreements [J]. Journal of Economic Integration, 2008: 518 - 546.

[216] Pomfret R, Sourdin P. Trade facilitation and the measurement of trade costs [J]. Journal of International Commerce, Economics and Policy, 2010, 1(01):145 - 163.

[217] Poole J. Business travel as an input to international trade [R]. Santa Cruz: University of California, 2013.

[218] Qin Y. "No county left behind?" The distributional impact of high-speed rail upgrades in China [J]. Journal of Economic Geography, 2017, 17 (03):489 - 520.

[219] Rauch J E. Networks versus markets in international trade [J]. Journal of International Economics, 1999, 48(1):7 - 35.

[220] Rauch J E, Trindade V. Ethnic Chinese networks in international trade [J]. Review of Economics and Statistics, 2002, 84(1):116 - 130.

[221] Redding S J, Turner M A. Chapter 20 — Transportation costs and the spatial organization of economic activity [M]//Elsevier B V. Handbook

of regional and urban economics. 2015:1339－1398.

[222] Redding S J, Rossi-Hansberg E. Quantitative spatial economics [R]. National Bureau of Economic Research, 2016.

[223] Roberts M J, Tybout J R. Industrial evolution in developing countries: a preview [J]. Industrial Evolution in Developing Countries, 1996: 1－14.

[224] Sasaki K, Ohashi T, Ando A. High-speed rail transit impact on regional systems: does the Shinkansen contribute to dispersion? [J]. The Annals of Regional Science, 1997, 31(1):77－98.

[225] Schafer A. Regularities in travel demand: an international perspective [J]. Journal of Transportation and Statistics, 2000, 3(3):1－31.

[226] Shepherd S B, Wilson J S. Trade facilitation in ASEAN member countries: measuring progress and assessing priorities [J]. Journal of Asian Economics, 2009, 20: 367－383.

[227] Silva, Tenreyro. The log of gravity [J]. The Review of Economics and Statistics, 2006, 88(04):641－658.

[228] Simonovska I, Waugh M E. The elasticity of trade: estimates and evidence [J]. Journal of International Economics, 2014, 92(1):34－50.

[229] Small K A, Verhoef E T, Lindsey R. The economics of urban transportation [M]. USA and Canada: Routledge, 2007.

[230] Staiger D, Stock J H. Instrumental variables regression with weak instruments [J]. Econometrica, 1997, 65(3):557－586.

[231] Startz M. The value of face-to-face: search and contracting problems in Nigerian trade [R]. Job Market Paper of Yale University, 2016.

[232] Swensen D L, Chen. Multinational exposure and the quality of new Chinese exports [J]. Oxford Bulletin of Economic and Statistics, 2014, 76(01):41－66.

[233] Tombe T. The missing food problem: trade, agriculture, and international productivity differences [J]. American Economic Journal: Macroeconomics, 2015, 7(03):226 – 258.

[234] Tombe T, Zhu X. Trade, migration and productivity: a quantitative analysis of china [J]. American Economic Review, 2019, 109(5):1843 – 72.

[235] Trefler D. The case of the missing trade and other mysteries [J]. American Economic Review, 1995: 1029 – 1046.

[236] Vickerman R. High-speed rail in Europe: experience and issues for future development [J]. The Annals of Regional Science, 1997, 31(1): 21 – 38.

[237] Waugh M E. International trade and income differences [J]. American Economic Review, 2010, 100(5):2093 – 2124.

[238] Wilmsmeier G, Monios J. Container ports in Latin America: challenges in a changing global economy [M]//Lee P. Dynamic Shipping and Port Development in the Globalized Economy. Basingstoke: Palgrave Macmillan UK, 2016.

[239] Wilson J S, Mann C L, Otsuki T. Trade facilitation and economic development: a new approach to quantifying the impact [J]. The World Bank Economic Review, 2003, 17(03):367 – 389.

[240] Wilson J, Mann C L, Otsuki T. Assessing the benefits of trade facilitation: a global perspective [J]. The World Economy Banner, 2005, 28(06):841 – 871.

[241] World Bank. Sharing rising incomes: disparities in China [R]. Washington DC: World Bank, 1997,23:257 – 260.

[242] Word Bank. Regional economic impact analysis of high speed rail in

China : step by step guide [R]. World Bank Other Operational Studies, 2014.

[243] Wu K, Fang C, Zhao M, et al. The intercity space of flow influenced by high-speed rail: a case study for the rail transit passenger behavior between Beijing and Tianjin [J]. Acta Geographica Sinica, 2014, 68(2): 159 - 174.

[244] Xu H. Development policies and economic geography in China: transport infrastructure and natural Resource [D]. Tohoku University, 2015.

[245] Xu H. Domestic railroad infrastructure and exports: evidence from the Silk Route [J]. China Economic Review, 2016, 41, 129 - 147.

[246] Xu M. Riding on the New Silk Road: quantifying the welfare gains from high-speed railways [J]. Job Market Paper from the University of California Davis, 2017.

[247] Yi Kei-Mu. Can vertical specialization explain the growth of world trade? [J]. Journal of Political Economy, 2003, 111(1):52 - 102.

[248] Yu F, Lin F, Tang Y, Zhong C. High-speed railway to success? The effects of HSR connection on regional economic development in China [J]. Journal of Regional Science,2019, 59(3) :1 - 20.

[249] Zheng S, Kahn M E. China's bullet trains facilitate market integration and mitigate the cost of megacity growth [J]. Proceedings of the National Academy of Sciences of the United States of America, 2013, 110(14):1248 - 53.

[250] Zhou N, Bullock R, Jin Y, et al. High-speed railways in China: an update on passenger profiles [J]. China Transport Topics, 2016, 15.

当代经济学创新丛书

《市场结构对创新与经济增长的影响：基于最低工资、专利保护和研发补贴的分析》（王熙麟　著）

《中国地方政府的环境治理：政策演进与效果分析》（金刚　著）

《数据要素、数据隐私保护与经济增长》（张龙天　著）

图书在版编目(CIP)数据

中国高铁、贸易成本和企业出口研究/俞峰著. —
上海：上海三联书店，2023.8
(当代经济学创新丛书/夏斌主编)
ISBN 978 - 7 - 5426 - 8116 - 4

Ⅰ.①中…　Ⅱ.①俞…　Ⅲ.①高速铁路-铁路运输建
设-影响-出口贸易-研究　Ⅳ.①F752.62

中国国家版本馆 CIP 数据核字(2023)第 086411 号

中国高铁、贸易成本和企业出口研究

著　者 / 俞　峰

责任编辑 / 李　英
装帧设计 / 徐　徐
监　制 / 姚　军
责任校对 / 王凌霄

出版发行 / 上海三联书店
　　　　　(200030)中国上海市漕溪北路 331 号 A 座 6 楼
邮　箱 / sdxsanlian@sina.com
邮购电话 / 021 - 22895540
印　刷 / 苏州市越洋印刷有限公司

版　次 / 2023 年 8 月第 1 版
印　次 / 2023 年 8 月第 1 次印刷
开　本 / 640 mm×960 mm　1/16
字　数 / 180 千字
印　张 / 12.5
书　号 / ISBN 978 - 7 - 5426 - 8116 - 4/F・892
定　价 / 48.00 元

敬启读者，如发现本书有印装质量问题，请与印刷厂联系 0512 - 68180628